Etiqueta, cerimonial e protocolo:
como receber estrangeiros e
organizar um evento de sucesso

Dados Internacionais de Catalogação na Publicação (CIP)
(Câmara Brasileira do Livro, SP, Brasil)

Moellwald, Duncan Egger
  Etiqueta, cerimonial e protocolo: como receber estrangeiros e organizar um evento de sucesso / Duncan Egger Moellwald, Lícia Egger-Moellwald. - São Paulo : Cengage Learning, 2022.

1. reimpr. de 1. ed. de 2015.
Bibliografia.
ISBN 978-85-221-1605-8

  1. Cerimonial 2. Diferenças culturais 3. Estrangeiros - Brasil 4. Etiqueta 5. Eventos 6. Eventos de negócios 7. Hospitalidade I. Egger-Moellwald, Lícia. II. Título.

13-08023   CDD-395.52

Índice para catálogo sistemático:

1. Cerimonial : Etiqueta   395.52
2. Eventos : Etiqueta   395.52
3. Protocolo : Etiqueta   395.52

Etiqueta, cerimonial e protocolo:

como receber estrangeiros e organizar um evento de sucesso

Lícia Egger-Moellwald ▪ Duncan Egger-Moellwald

Austrália   Brasil   Japão   Coreia   México   Cingapura   Espanha   Estados Unidos   Reino Unido

CENGAGE Learning

Etiqueta, cerimonial e protocolo: como receber estrangeiros e organizar um evento de sucesso

Lícia Egger-Moellwald
Duncan Egger-Moellwald

Gerente editorial: Noelma Brocanelli

Editora de desenvolvimento: Gisela Carnicelli

Supervisora de produção gráfica: Fabiana Alencar Albuquerque

Revisão: Rosângela Ramos da Silva, Alla Lettera e Eduardo Kobayashi

Diagramação: Triall Composição Editorial Ltda.

Capa: Cynthia Braik

Imagem da capa: venimo/ Shutterstock

Ilustrações: Weber Amendola

Editora de direitos de aquisição e iconografia: Vivian Rosa

Analista de conteúdo e pesquisa: Javier Muniain

Pesquisa iconográfica: Renate Hartfiel

© 2015 Cengage Learning Edições Ltda.

Todos os direitos reservados. Nenhuma parte deste livro poderá ser reproduzida, sejam quais forem os meios empregados, sem a permissão, por escrito, da Editora. Aos infratores aplicam-se as sanções previstas nos artigos 102, 104, 106, 107 da Lei nº 9.610, de 19 de fevereiro de 1998.

Esta editora empenhou-se em contatar os responsáveis pelos direitos autorais de todas as imagens e de outros materiais utilizados neste livro. Se porventura for constatada a omissão involuntária na identificação de algum deles, dispomo-nos a efetuar, futuramente, os possíveis acertos.

Para informações sobre nossos produtos, entre em contato pelo telefone **0800 11 19 39**

Para permissão de uso de material desta obra, envie seu pedido para **direitosautorais@cengage.com**

© 2015 Cengage Learning. Todos os direitos reservados.

ISBN-13: 978-85-221-1605-8
ISBN-10: 85-221-1605-9

Cengage Learning
Condomínio E-Business Park
Rua Werner Siemens, 111 – Prédio 11 – Torre A – Conjunto 12 – Lapa de Baixo
CEP 05069-900 – São Paulo – SP
Tel.: (11) 3665-9900 – Fax: (11) 3665-9901
SAC: 0800 11 19 39

Para suas soluções de curso e aprendizado, visite www.cengage.com.br

Sumário

Prefácio xi

1. Percepção humana: um espaço para confusões 1

2. Brasil na percepção dos estrangeiros 3

3. Se já somos bem-vistos, por que devemos nos preocupar em receber bem os estrangeiros? 4

4. Atitude anfitriã 5

5. Encantar o turista é a palavra de ordem para os brasileiros 6

6. O que é diferença cultural e como ela pode atrapalhar a percepção de bom acolhimento ao viajante? 7

7. Influência cultural e religiosa condicionando o olhar dos estrangeiros 9

8. Estrangeiros buscam o diferente, mas todos gostam de respeito, atenção e cuidados 13

9. Alguns estrangeiros têm uma maneira diferente de ver o comportamento e a proximidade entre as pessoas 15

10. Diferentes percepções do tempo podem acarretar dificuldades nos relacionamentos 17
    - Monocrônicos 19
    - Policrônicos 19

11. Percebendo os padrões de algumas culturas diferentes para uma boa aproximação 22

12. Árabes 24
- Árabes no Brasil 26
- Cumprimentos e conversas 28
- À mesa com um árabe 28
- Dar e receber presentes 30
- Mundo dos negócios 31

13. Alemães, austríacos e suíços.. 33

14. Japoneses 36
- Cumprimentos e apresentações 38
- Refeições com japoneses 39
- Higiene para os japoneses 40
- Etiqueta na interação com os japoneses 41
- Presentes merecem cuidados especiais 42

15. Norte-americanos 43
- Cumprimentos e apresentações 43
- Etiqueta 44

16. Franceses 46
- Quando for convidado para a casa de alguém 48
- Sentado à mesa 48

17. Chineses 50
- Nunca faça alguém "perder a face" 51
- Não critique alguém, a família, a empresa ou o país 52
- Não tenha pressa ou mostre impaciência 53
- Não cometa gafes 54
- Procure não exagerar nos elogios 55
- Procure não invadir a bolha de privacidade 57
- Apresentações e cartões de visitas 58
- A etiqueta à mesa é fundamental 59
- Troca de presentes 61

18. Ingleses 62
    - Apresentações e cumprimentos 63
    - Etiqueta 63
    - Comidas e bebidas 64
19. Etiqueta social e profissional no dia a dia dos brasileiros 65
    - Cumprimentando pessoas 67
    - Precedência nas apresentações 69
    - Precedência social 70
    - Precedência profissional 70
    - Precedência para com autoridades 70
    - Aperto de mão 71
    - Beijos, abraços, batidas nas costas e outras formas de cumprimentos 71
20. O papel das roupas nas apresentações e no dia a dia 73
    - Tipos de trajes e seus momentos 74
    - Trajes masculinos 75
    - Trajes femininos 76
    - Regras especiais para as roupas femininas usadas no trabalho 77
    - *Casual day* para homens e mulheres 77
    - Recomendações para os dois sexos 78
21. Hospitalidade corporativa 79
    - Bebidas e negócios 80
22. Comportamento nas viagens de avião 82
23. Cerimonial e protocolo nos eventos 85
    - Cerimonial 87
    - Cerimonial público e privado 88
    - Protocolo ou precedência 89
    - Decretos que normatizam a ordem de precedência no Brasil 90
    - Força 91
    - Econômico 91
    - Nobiliárquico 91
    - Anfitrião 92

- Idade 92
- Sexo 92
- Antiguidade histórica 93
- Interesse 95
- Ordem alfabética 96
- Titulação 96
- Hierarquia 96

24. Lugar de honra 97
    - Plano ou mapa de mesa 98
    - Lugares de honra na mesa 100
    - Chamada das autoridades para compor a mesa 102
    - Ordem dos discursos 102
    - Prismas e cartões de mesa 103
    - Lugares de honra em teatros 103
    - Lugar de honra nos carros 105
    - Lugares de honra nas igrejas 105
    - Filas de cumprimentos 106
    - Nominatas 107
    - Carômetro 107
    - *Save the date* 108

25. R.S.V.P. e outras formas de lembranças usadas nos convites 110
    - Prazos para envio de convites 111
    - Como subscritar os envelopes dos convites 111

26. Tipos de eventos 113
    - Banquetes 113
    - *Brunch* 113
    - Churrasco 114
    - *Coffee break* 114
    - Concurso 114
    - Conferência 115
    - Congresso 115
    - Convenção 116
    - Coquetéis 116

- Debate 117
- Desfile 117
- Encontros 118
- Entrevista coletiva 118
- Exposições 119
- Feira 119
- Fórum 120
- *Happy hour* 120
- Inauguração 120
- Jornada 121
- Lançamento de pedra fundamental 121
- Lançamento de produtos 122
- Leilões 122
- Mesa-redonda 123
- Oficina 123
- Painel 123
- Palestra 124
- Posse 124
- Programa de visita 124
- Rodada de negócios 125
- Salão 125
- Seminário 125
- Simpósio 126
- Torneio 126
- Visita empresarial oficial ou *open day* 127
- *Workshop* 127

27. Tipos de serviços 128
    - À francesa 128
    - À inglesa 129
    - À russa 129
    - À norte-americana ou empratado 130
    - *Buffet* 130

28. Etiqueta nos restaurantes 132
    - Gastronomia e etiqueta: uma parceria imprescindível 132

- Clientes e brigada de salão: uma parceria que precisa ser respeitada..133

29. Quebrando o protocolo 136

30. Símbolos nacionais...138
    - Bandeira 138
    - Detalhes sobre a Bandeira Nacional 139
    - Detalhes sobre o hasteamento da Bandeira Nacional 139
    - Detalhes sobre a posição da Bandeira Nacional 140
    - O que é considerado desrespeito à Bandeira Nacional e sujeito a penalidades 140
    - Detalhes sobre o Hino Nacional 141
    - Aplausos 142
    - Selo Nacional 143
    - Armas Nacionais ou Brasão 143

Referências bibliográficas...145

Prefácio

A ideia de agir com autonomia, de ter liberdade para decidir sobre o que queremos, como queremos e de quem queremos, apesar de contemporânea, excitante e poderosa, torna-se perigosa se não for contextualizada dentro dos limites éticos e sociais de nossas ações.

Nesses tempos, é fácil esquecer que a liberdade depende também do impacto das nossas ações sobre os que convivem e interferem no mesmo espaço, não necessariamente físico.

Hoje, um dos maiores desafios do homem é o de repensar a relação de interação e dependência que mantemos com o "outro" para que possamos sobreviver como espécie.

Para viver, no sentido amplo da palavra, dependemos, mais do que nunca das conexões que mantemos com as outras pessoas: alguém da família, um vizinho, um colega de trabalho ou qualquer pessoa que, por algum motivo, interfira nas nossas vidas, mesmo que apenas de passagem.

Precisamos ser ativos nos relacionamentos que estabelecemos com os outros e, para isso, é necessário investir tempo e esforço também para expandir nossa compreensão sobre as consequências das nossas ações de forma a poder viver em harmonia com o mundo.

Vivemos uma época em que a humanidade se encontra extremamente próxima, em grande medida em razão da facilidade de transportes e da comunicação. Um momento em que indivíduos de culturas diferentes se relacionam intensamente e buscam encontrar um lugar comum entre suas diferentes maneiras de ver e de vivenciar o mundo.

Neste livro, a percepção do que é diferente dos nossos hábitos e costumes é o ponto central para o desenvolvimento de um conjunto de atitudes que permita a qualquer pessoa ser vista como hospitaleira, educada e gentil.

O impacto das diferenças culturais e de interpretação se fazem presentes por meio das histórias narradas e dos exemplos sobre como cada gesto, mesmo que bem intencionado, pode ser entendido de maneira diferente pelo outro e gerar consequências e reações inesperadas, nem sempre favoráveis aos relacionamentos.

Fica claro nos relatos e nas sugestões aqui propostos que nada acontece por acaso ou de forma isolada, mas, ao contrário, que tudo e todos se conectam. O que reforça a ideia de que não existem trocas afetivas e efetivas se não houver de fato trocas.

Abrir mão dos preconceitos, olhar o que nos parece diferente não apenas como curiosidade, mas como uma outra possibilidade para a qual é preciso ter respeito, são questões que transpassam as páginas deste livro e que, com certeza, podem colaborar para melhorar as relações com pessoas de culturas diferentes da nossa.

A presença de temas como protocolo e cerimonial contribuem para balizar as possíveis diferenças culturais e para ajudar nos grandes e nos pequenos eventos que ditam a convivência profissional nas empresas e que ganham cada vez mais importância para o sucesso nas interações corporativas e socioprofissionais que acontecem nesses novos tempos.

1. Percepção humana: um espaço para confusões

Encontros entre pessoas de culturas diferentes não raro são permeados de desentendimentos, pequenos ou grandes. Em grande medida, as dificuldades são causadas pela incapacidade de compreender as motivações e as mensagens que as pessoas pretendem passar com suas ações.

Quantas vezes não somos surpreendidos por uma frase que não deveria ter sido dita, um olhar que não corresponde àquilo que esperamos ou uma ação que nos surpreende para o bem ou para o mal?

Toda vez que interagimos com alguém, somos levados a avaliar o que estamos experimentando naquele momento. Quando falamos em relacionamento entre estrangeiros, a percepção pode pregar algumas boas peças ou armar grandes confusões.

A percepção humana depende do que é captado pelos cinco sentidos: visão, audição, olfato, tato e paladar, que, somados ao estado emocional, mais as nossas experiências e cultura, resultam no que acreditamos ser o certo ou não, o bom ou mau.

A capacidade de perceber determinado fato e a sua interpretação variam significativamente de pessoa para pessoa. O que pode ser ótimo para um pode ser intolerável para outro. A percepção é que vai determinar como cada um ou o outro vê uma mesma situação.

Uma história que ilustra as diferentes percepções entre as pessoas de culturas diferentes é a de um brasileiro libanês que conheceu um suíço enquanto morava naquele país da Europa.

Após algum tempo de relacionamento, os dois se tornaram bons amigos. Assim, na volta do brasileiro à terra das palmeiras, no momento das despedidas, o suíço, num gesto simpático, convidou o amigo para passar uma semana em seu chalé na montanha.

Acostumado ao jeito das pessoas no Brasil, sempre muito pródigas em fazer convites, mas que nem sempre se concretizam, o brasileiro interpretou o fato apenas como demonstração de pura gentileza.

Bem educado, fez o que os brasileiros costumam fazer nesses momentos, agradeceu efusivamente e reforçou o quanto estava feliz com a nova amizade, dando a entender que tentaria encontrar um espaço na sua viagem de volta para aceitar a gentileza. Porém, ao contrário do esperado pelo brasileiro, o desapontamento ficou estampado no olhar e na voz do suíço logo após ouvir a resposta.

O que deu errado se o brasileiro respondeu, do seu ponto de vista, corretamente à gentileza do novo amigo foi a diferença de percepção de hábitos e costumes. Embora os dois tivessem grande apreço um pelo outro e tenham agido corretamente, cada um teve, de acordo com a sua cultura, uma percepção diferente sobre o mesmo fato.

Mas, três dias mais tarde, o acaso contribuiu para a sorte do brasileiro. Ao encontrar um conhecido de ascendência suíça, contou a história e arrematou dizendo-se surpreso com a atitude do tal amigo.

Para a surpresa do brasileiro, o conhecido, depois de ouvi-lo em silêncio, perguntou: "Se você tem forte apreço por esse seu amigo suíço, por que não aceitou o convite?", e continuou: "Você deve ter percebido que os suíços são extremamente reservados e raramente convidam alguém que não seja amigo de longa data para a sua casa. Assim, meu caro, quando alguém faz isso, espera que a pessoa aceite o convite".

A diferença é que, para os brasileiros, ser convidado ou convidar alguém não significa necessariamente que o proposto vai acontecer. Mas deve ser interpretado como uma mostra de cordialidade, que se aceita e agradece. Afinal, quem nunca ouviu a expressão "passa lá em casa para tomar um café" e recebeu como resposta "Vou passar sim, obrigado"?

Ao saber das diferentes visões sobre o que diz respeito a um convite entre os dois países, o brasileiro ligou para o suíço e aceitou feliz da vida passar uns dias no chalé do amigo.

Esse episódio ilustra que, quando lidamos com pessoas de culturas diferentes, precisamos dobrar a atenção para que as mensagens que recebemos e as que passamos não firam ou magoem aquele com quem interagimos.

2. Brasil na percepção dos estrangeiros

Quem já viajou para fora do Brasil e conheceu outras culturas sabe avaliar muito bem o quanto nós, brasileiros, somos simpáticos para com os estrangeiros que nos visitam.

Recebemos de braços abertos e sem restrições quem quer que seja, e não é difícil, mesmo em pouco tempo, que o visitante se sinta mais do que em casa, de tantos cuidados e atenções que recebe.

Talvez por isso, todo estrangeiro vem ao Brasil cheio de expectativas para sentir de perto a nossa alegria e hospitalidade, típicas do "jeitinho brasileiro" de ser, tão popular lá fora.

Somos tão calorosos com os que vêm de fora que, vira e mexe, quem passou algum tempo no exterior chega contando histórias sobre a sisudez dos londrinos, a altivez dos franceses ou a excentricidade dos chineses. Aparentemente, muito diferentes de nós.

Verdade seja dita, para boa parte dos estrangeiros não existe neste planeta gingado tão bonito quanto o dos baianos, sabedoria de vida como a dos cariocas e criatividade como a dos brasileiros.

A prova da nossa imensa alegria e simpatia é a dificuldade em passar desapercebidos numa fila ou num restaurante quando em viagem pelo exterior. Basta um rápido olhar e pronto, se tiver um grupinho de brasileiros, serão os mais sorridentes, barulhentos e cheios de energia do pedaço.

Quando um estrangeiro pensa no Brasil, vai logo imaginando garotas bonitas de biquíni andando pela praia, rapazes surfando no final da tarde e muita feijoada regada com a doce e boa caipirinha. Essa é a nossa imagem lá fora, um povo alegre, *bon vivant* e cheio de energia.

3. Se já somos bem-vistos, por que devemos nos preocupar em receber bem os estrangeiros?

Porque nem tudo é festa. Junto com todo esse prestígio, acompanham alguns vícios do nosso povo que, em determinadas situações, depõem contra a nossa imagem tão positiva.

Às vezes, podemos também, ao olhar estrangeiro, parecer invasivos, despreocupados com os compromissos, atrasados e até imorais, dependendo da cultura de quem nos visita.

Muitas vezes, esquecemos que não somos todos iguais e que não pensamos todos da mesma forma. E erramos ao acreditar que só a nossa alegria e simpatia podem dar conta de receber bem quem nos visita.

Seja como for, se pensarmos que, com o incremento da economia, o nosso país deverá receber no futuro um número muito maior de turistas que vêm a negócios ou lazer e que podem gerar mais empregos e estimular ainda mais a economia, temos de nos aperfeiçoar em alguns quesitos da hospitalidade.

Hoje, a demanda potencial para o setor turístico é tão grande que devemos aproveitar a oportunidade para dar um salto qualitativo nos pontos em que somos bons e mudar radicalmente as características que não nos são favoráveis.

O esforço para ampliar nossas competências como povo anfitrião e como viajantes só pode nos trazer benefícios, uma vez que, com isso, podemos ganhar ainda mais divisas, turistas e simpatias.

Viajantes bem tratados voltam sempre e podem significar para todos nós um Brasil ainda melhor. Estrangeiros que ficam com uma boa imagem dos brasileiros lá fora vão certamente querer conhecer ou fazer negócios com o nosso país.

4. Atitude anfitriã

Atitude anfitriã é saber receber bem quem vem de fora, ser um bom anfitrião, ou seja, fazer o que for possível para que o turista se sinta confortável longe do seu país e da sua casa.

Fazer que as pessoas se sintam acolhidas não tem a ver apenas com um bom quarto de hotel ou uma boa comida, mas com absolutamente tudo o que envolve a sua estada numa determinada residência, cidade ou país.

Receber bem é pensar em todos os detalhes do bem-estar de quem nos visita, desde a recepção do viajante no aeroporto da cidade do seu destino, o traslado, em como ele vai ser recebido no hotel, a facilidade de locomoção pela cidade e, naturalmente, o tratamento que a pessoa vai receber ao longo da sua estada. Pequenos e grandes detalhes da hospitalidade colaboram para a imagem que o forasteiro tem do local que visitou.

Nisso, a alegria, a criatividade e o nosso jeitinho, que tanto encantam no primeiro momento os que aqui vêm, infelizmente não dão conta de atender a todas as suas necessidades — ser bem atendido, receber um serviço de qualidade, sentir-se em segurança, ter um tratamento sem preconceitos e saber que qualquer dificuldade será resolvida com profissionalismo. Fato que nos obriga a refletir sobre o que cada um de nós pode fazer a mais para consolidar, de uma vez por todas, a imagem positiva que já temos.

Aprender a encantar o turista deve ser a palavra de ordem para todos os brasileiros que, de alguma forma, vão se relacionar com os que aqui desembarcam e, eventualmente, quando em viagem para fora do país, com as pessoas dos países que visita.

Isso não significa que devemos perder nossos encantos naturais, como cordialidade, simpatia e jogo de cintura. Mas juntar a isso outras qualidades, tais como: boa educação, qualidade em serviços e respeito pelas diferenças culturais das outras pessoas. Nesses quesitos, ainda podemos melhorar muito para chegar a, de fato, encantar nossos turistas.

5. Encantar o turista é a palavra de ordem para os brasileiros

Encantar tornou-se a palavra de ordem para praticamente tudo nos dias de hoje. E, pensando bem, faz sentido, especialmente quando o assunto é relacionamento com pessoas.

Todos nós passamos boa parte do tempo tentando cativar nossos familiares, amigos, colegas de trabalho e clientes para melhorar ainda mais a qualidade das nossas interações.

Falando do ambiente de trabalho, as pessoas que conseguem ser vistas como habilidosas no trato social, simpáticas e também competentes profissionalmente são, via de regra, mais bem quistas do que as que são só simpáticas e competentes profissionalmente.

Da mesma forma, amigos queridos são aqueles que "não queimam o seu filme" e, além de divertidos e animados, entendem as diferentes situações sociais, agindo de acordo com cada uma.

Encantar o turista é isso, ser mais do que simpático, ter um sorriso fácil ou ser animado. É entender que é preciso também aliar à competência profissional e simpatia outras competências e qualidades, tais como: seriedade, habilidade social e compreensão das diferenças. Mesmo quando as nossas interações com os viajantes são breves.

Encantar é seduzir pelas competências e qualidades citadas com o objetivo de quebrar barreiras e receios tão naturais de quem, mesmo não sendo aventureiro, está em viagem para outros países.

6. O que é diferença cultural e como ela pode atrapalhar a percepção de bom acolhimento ao viajante?

Vez ou outra, vemos na televisão ou no cinema imagens de pessoas que comem alimentos que nos parecem estranhos ou têm comportamentos que podem nos parecer bizarros.

Algumas pessoas chegam a olhar com nojo para as cenas de filmes em que aparecem comidas diferentes, imaginando-se, ao viajar para aqueles lugares, tendo de experimentar o que é oferecido.

Também podemos nos surpreender ao ficar sabendo que, em alguns países do mundo, as mulheres não podem comer ao lado dos homens ou devem vestir-se de modo muito diferente do nosso. Isso é diferença cultural.

O que consideramos bom, aceitável e normal aqui pode ser visto como um verdadeiro absurdo para pessoas de outros países. Coisas simples como tomar café com leite e pãozinho com manteiga para começar o dia, um hábito bem brasileiro, para um japonês, o mesmo costume está fora de questão.

Para eles, o café da manhã é uma das principais refeições do dia, praticamente um almoço, e não é surpresa, visitando o Japão, receber para comer logo cedo arroz branco cozido, *missoshiru* (sopa de pasta de soja), peixe assado e *tsukemono* (legumes em conserva). Estranho? Só para quem não é japonês.

Hábito parecido têm os ingleses, que adoram, para o café da manhã, linguiças, batatas assadas, tomates grelhados e outros pratos que, para nós, só são servidos no almoço ou no jantar.

Pensando nas diferenças, é de se imaginar que o mesmo inglês poderá olhar o que é oferecido no nosso café da manhã com estranheza e até indignação, pela simplicidade.

O mesmo pode-se dizer do arroto durante ou após as refeições, que causa estranhamento numa mesa no Brasil, mas é visto com naturalidade na Arábia Saudita, na China e em outros países.

Em Taiwan, se uma pessoa recebe um presente, deve recusá-lo três vezes antes de abri-lo. O presente deve ser entregue com as duas mãos e embrulhado em papel vermelho, cor de rosa ou amarelo, mas nunca em papel branco.[1]

Mas, para os brasileiros, receber um presente é um ato que, de modo geral, não demanda qualquer tipo de formalidade além dos agradecimentos, nem da parte de quem dá o mimo nem da parte de quem recebe.

Poderíamos encher essas páginas de exemplos corriqueiros e outros bem dramáticos sobre o que pode parecer certo ou errado para diferentes culturas[2*] no mundo, sobre um mesmo fato.

O certo é que o planeta é um espaço multicultural no qual as diferentes formas de as pessoas entenderem o mundo precisam ser respeitadas para que as interações entre os viajantes e os habitantes do local aconteçam sem estresse.

Lembrando que, muitas vezes, por trás de uma aparente semelhança, podemos nos surpreender com as diferentes percepções a respeito de uma mesma coisa.

As diferenças culturais dão sabor aos relacionamentos que se estabelecem com pessoas de outros países. É conhecendo, aceitando e aprendendo com as diferenças que ampliamos nossos horizontes e nos tornamos pessoas com habilidades interculturais, prontas para estabelecer novos relacionamentos, abrir novas perspectivas e viver intensamente num mundo globalizado como o que vivemos.

Um filme que retrata muito bem as diferentes percepções dos viajantes, de quem recebe e o quanto elas podem determinar como uma realidade pode ser vista de maneiras diferentes é *O exótico Hotel Marigold*[3] (um grupo de britânicos na terceira idade decide viajar para a Índia e se hospedar numa luxuosa estância turística. Apesar do luxo apresentado no *site* do hotel, nada corresponde à realidade. Mas o "exótico" Hotel Marigold vai lentamente mostrando aos seus hóspedes o charme inebriante da Índia, ainda que por caminhos pouco convencionais).

---

* Cultura – as especificações da cultura são numerosas. Há consenso sobre o fato de que cultura é aprendida, que ela permite a adaptação humana ao seu ambiente natural, que ela é grandemente variável e que se manifesta em instituições, padrões de pensamento e objetos materiais. Um sinônimo de cultura é tradição, o outro é civilização (...). SANTAELLA (2003, p. 30).

7. Influência cultural e religiosa condicionando o olhar dos estrangeiros

A cultura funciona como uma lente por meio da qual enxergamos o mundo. Num mundo com mais de 200 países, a forma de ver uma mesma realidade varia muito.

Quando o assunto é comida, a cultura serve como filtro para experiências e contribui para a decisão sobre o que é ótimo, bom ou simplesmente intolerável. Por exemplo, para os indianos, dá-lhe *curry* e especiarias na comida; no caso dos árabes, frutas secas e temperos; e, para asiáticos, sabores agridoces.

No que diz respeito ao vestuário, ainda nos surpreende a maneira como as muçulmanas se vestem para sair de casa, fazendo uso do chador.*

Pensando nas diferenças culturais, dá para imaginar o impacto que os turistas desses países devem sentir ao desembarcarem nos aeroportos do nosso país e verem como se vestem as brasileiras.

Da mesma forma, dá para antever a surpresa de quem está acostumado a refeições cheias de variedade, como os árabes, ao receber as porções prontas, popularmente conhecidas como PF (prato feito) dos restaurantes brasileiros. Provavelmente vão tomar o maior susto.

Um filme que mostra muito bem o quanto as diferenças culturais podem fazer diferença na percepção das pessoas é o filme *Sex and the City 2*[4] (rodado em 2010, o filme conta a história de quatro amigas que são convidadas por um Sheik para visitar a cidade de Abu Dhabi. A viagem para um país cuja cultura é bem diferente da norte-americana, especialmente em relação ao tratamento dado à mulher e ao sexo, acaba gerando grande confusão para as quatro mulheres).

Quando se pensa em hospitalidade e em como encantar os viajantes e possibilitar boas interações, lembrar das diferentes percepções que as pessoas podem ter sobre um mesmo tema é um grande salto qualitativo no comportamento que se vai adotar.

Para quem recebe turistas ou viaja para fora, é importante ter claro que precisamos respeitar os hábitos e costumes dos outros países. Viajar ou ser anfitrião é deixar-se levar por experiências culturais diferentes, respeitar outros

---

* Chador — roupa usada por mulheres em algumas partes do Oriente Médio, particularmente no Irã e Iraque. A roupa é especialmente pensada para esconder as formas femininas.

hábitos e costumes e entender que talvez não sejamos, aos olhos de quem nos vê, tão especiais quanto gostaríamos.

A cultura de cada país é tão poderosa que pode até mesmo afetar o modo como um local é percebido. Certa vez, uma dinamarquesa de passagem pelo Brasil estava desfrutando da piscina em um clube elegante, na cidade de São Paulo. Usando maiô com sapatos, chamou a atenção dos amigos que se adiantaram em perguntar por que usava um calçado fechado numa piscina num dia quente de verão.

A resposta da mulher deixou todos atônitos, disse que tinha medo de ser picada por uma aranha caranguejeira. Percebendo o susto das pessoas, a mulher explicou que havia lido que, no Brasil, havia muitas aranhas e cobras venenosas e, por isso, tanto cuidado.

Embora a história pareça chocante e a mulher, sem noção, é bom saber que, de modo geral, todo viajante está sujeito a um leque maior de interpretações, incluindo aquelas que possam gerar incompreensões e dificultar os relacionamentos.

Num mundo em que se tornou rotineiro atravessar fronteiras, a inteligência cultural, para evitar mal-entendidos, torna-se uma competência vital. Não apenas para executivos internacionais, mas também para qualquer pessoa que vá interagir com quem não é do seu país ou tenha uma cultura diferente da sua.

Um filme para lá de divertido e que ilustra muito bem o quanto culturas diferentes podem causar desentendimentos até mesmo entre pessoas que vivem num mesmo país é "Casamento grego".[5] Um jovem casal norte-americano se apaixona e começa a namorar secretamente, porque o rapaz é inglês e a moça é grega. Mas logo são descobertos, o que dá início a um processo de difícil aceitação para ambas as famílias. O pai da moça é grego e muito apegado às tradições do seu país e faz de tudo para impedir o casamento.

Quando falamos em diferenças culturais, precisamos lembrar que existem no mundo cerca de duas centenas de países, milhares de línguas e formas diferentes de ver o mundo.

Também é importante considerar que, com a globalização, é comum o convívio com pessoas de religiões diferentes da nossa, sem se dar conta do que significam as diferentes visões de seus adeptos e o impacto que o desconhecimento acerca de certas particularidades podem causar nos relacionamentos.

Nos noticiários, novelas e filmes, acostumamo-nos a ver e ouvir sobre povos que, por tradição religiosa, se vestem de modo diferente do nosso. Vemos neles que árabes vestem túnica com turbante; budistas, manto laranja e cabeça raspada; indianos, túnicas coloridas; e judeus ortodoxos, paletós compridos e chapéus diferentes.

As maiores religiões do planeta, cristianismo, islamismo, hinduísmo, religiões chinesas, budismo e judaísmo, influenciam a percepção de boa parte dos habitantes tanto do oriente como do ocidente. E todas elas, em maior ou menor grau, determinam o olhar sobre a vida de seus adeptos, seu comportamento, sua alimentação e seu vestuário.

Por exemplo, os judeus ortodoxos só comem comida *kasher*;* seria tolice oferecer num jantar um belo prato de camarões. Mesmo que delicioso, o judeu ortodoxo seria obrigado a declinar da comida.

Da mesma forma, oferecer para um grupo de católicos ortodoxos um delicioso churrasco de picanha na Sexta-feira Santa** seria pedir para sobrar tudo na churrasqueira, porque, segundo a religião católica, nesse dia não se deve comer carne.

---

* *Kasher* significa correto, justo, bom. Aplicado à comida, refere-se à que é apropriada ao consumo, isto é, que preenche todos os requisitos da dieta judaica. É importante alertar-se ao fato de que a *kashrut* não é um estilo de culinária. Comida chinesa, francesa, italiana, indiana, árabe ou qualquer outra podem ser *kasher*, desde que preparadas de acordo com as leis judaicas. Mesmo a comida tradicional judaica pode ou não ser *kasher*, dependendo de como foi preparada.
A *Kashrut* desenvolve-se baseada em duas regras básicas. A primeira delas especifica o tipo de carne que pode ou não ser consumida. A proibição é muito clara no Capítulo 11 do Levítico: "Entre todos os animais da terra, os que poderéis comer: aqueles que têm os cascos fendidos e que ruminam". Ou seja, incluem-se aí vaca, carneiro, bode e cervo. As aves permitidas são o frango, o peru, o ganso, o faisão e o pato. Já o Deuteronômio, no Capítulo 14, explica que nenhum crustáceo é *kasher*: "Comereis de tudo que há nas águas: tudo que tem barbatanas e escamas comereis; e tudo o que não tem barbatanas e escamas não comereis; é impuro para vós".
A outra grande regra consiste em não misturar carne com leite e derivados, seja na preparação, armazenamento ou consumo. A origem bíblica dessa norma é encontrada no livro Êxodos, Capítulo 19, que diz: "Não cozerás o cabrito no leite de sua mãe". Foi com base nessa regra que se classificou a comida *kasher* em três categorias: carne, leite e parve. Disponível em: <http://www.webjudaica.com.br/religiao/textosDetalhe.jsp?textoID=2&temaID=2>.Acesso em: 20 jan. 2014.
** A Sexta-feira Santa, ou "Sexta-feira da Paixão", é a sexta-feira antes do Domingo de Páscoa. É a data em que os cristãos lembram o julgamento, paixão, crucificação, morte e sepultamento de Jesus Cristo, por meio de diversos ritos religiosos.

O mesmo se daria ao convidar um muçulmano para uma refeição com costelinhas de porco servidas com alguma cerveja bem especial. O convite poderia parecer falta de educação ou, pior, uma provocação.

Deixar de levar em conta os preceitos religiosos das pessoas pode acabar criando situações difíceis, como a que passou um conhecido nascido numa tradicional família muçulmana.

Jovem simpático e agradável, além de ter muitas amigas, era disputado a tapa pelas mulheres por sua simpatia e beleza. No seu aniversário, resolveu convidar um grupo de amigas brasileiras para integrar a comemoração junto com a família.

Mas o rapaz se esqueceu de que, para os muçulmanos tradicionais, mesmo morando no Brasil, as roupas femininas, mesmo em festa, não devem ser curtas ou decotadas. Dá para imaginar o resultado: as convidadas brasileiras compareceram muito bem arrumadas, mas vestidas de brasileiras, saias curtas, salto alto e muito decote.

Segundo o conhecido, a festa foi bem animada, de um lado, a família criticando as suas amigas, dizendo-as despudoradas, e, do outro, as convidadas, sem entender por que estavam sendo tão observadas.

Tudo teria sido mais simpático, para ambos os lados, se as convidadas tivessem comparecido vestidas de forma adequada aos preceitos muçulmanos, menos ousadas.

Da festa, ficou uma lição para todos os que compareceram: quando souber que o grupo com o qual vai interagir segue uma religião diferente, não custa, quando convidado, perguntar sobre os costumes e, quando anfitrião, sugerir o traje e agir de acordo com o comportamento esperado.

Nos relacionamentos que estabelecemos com as pessoas, sejam as que nos são próximas ou as que estão distantes, é preciso não esquecer o quanto as diferenças podem afetar a percepção.

Estes são aspectos que devem ser levados em consideração especialmente quando interagimos com pessoas de visão tradicional no que se refere à cultura e à religiosidade.

8. Estrangeiros buscam o diferente, mas todos gostam de respeito, atenção e cuidados

Todos viajantes têm uma característica em comum: gostar e se permitir viver temporariamente o que é diferente dos seus hábitos e costumes. A explicação talvez esteja no fato de que, nas viagens, as pessoas esperam sair da sua zona de conforto.

Por exemplo, pessoas que normalmente não andam de metrô quando viajam para o exterior costumam fazer uso desse tipo de transporte urbano, mesmo que a princípio tenham dificuldade para entender onde ficam as estações.

Viajar para um país cuja língua é diferente da do viajante pode ser muito estressante. Mesmo assim, ninguém deixaria de ir para a China ou para a Dinamarca só porque não fala chinês ou dinamarquês.

As comunidades do Rio de Janeiro são cada vez mais visitadas por turistas estrangeiros. Os que lá passam saem extasiados com o que consideram exótico e totalmente diferente do que estão acostumados a ver. Muitos viajantes pagam rios de dinheiro para darem a si a possibilidade de vivenciar o exótico, o diferente e até o arriscado.

Mas o que todos os turistas, aventureiros ou não, têm em comum é que prezam o respeito, a atenção e os cuidados que merecem. Estar fora de casa por si só já traz alguma insegurança, e todos gostam quando são tratados com consideração.

Certa vez, num restaurante em Salvador, na Bahia, um executivo estrangeiro fazia um esforço enorme para se fazer entender com o garçom que o atendia. Apesar de cheio de sorrisos e mesuras, o atendente não demonstrava qualquer sinal de que o executivo estava tendo progresso.

O que surpreendeu foi que o rapaz, ao deixar o estrangeiro para chamar um colega para ajudar no atendimento, comentou: "Fulano, vai lá atender aquele mala, que eu não entendo uma palavra do que o cara tá falando".

Não é preciso dizer que, embora o estrangeiro não tenha entendido o comentário, ficou claro para todos os presentes a indisposição do garçom para com o executivo.

Cenas parecidas acontecem quando as pessoas que recebem os turistas não estão preparadas para entender que, mesmo sem falar a língua do visitante, é preciso respeitá-lo.

Mas isso não acontece só no Brasil. Certa vez, em viagem para os Estados Unidos, um casal de brasileiros entrou numa loja para comprar um presente. Atendidos em inglês por um rapaz de aparência bem de vanguarda, o casal acreditava estar sendo bem atendido, até que ouviram o seguinte comentário feito pelo vendedor, para um colega que o chamava: "Espera eu acabar com estes *aburridos** e já te ajudo".

Receber bem um turista é ir além do que está estabelecido, é entender que nos comunicamos além das palavras e, por isso mesmo, precisamos, de várias maneiras, deixar claro que somos competentes e temos qualidade em todos os quesitos relacionados à hospitalidade.

---

* *Aburridos* – chatos, em espanhol.

9. Alguns estrangeiros têm uma maneira diferente de ver o comportamento e a proximidade entre as pessoas

As diferenças culturais não são percebidas apenas na religião, na comida ou no vestuário, mas também no comportamento e na proximidade entre as pessoas.

Muitos estrangeiros se assustam e até sentem-se incomodados com tanto calor humano dos brasileiros. Somos dados a beijos e abraços e adoramos ficar bem pertinho e tocar uns nos outros enquanto falamos, comportamentos impensáveis para alguns estrangeiros.

Somos tão dados à proximidade física que, muitas vezes, podemos ser mal interpretados nas nossas atitudes.

Numa viagem ao Brasil em 2007, o Papa Bento XVI foi recebido pelo então Presidente da República, Luiz Inácio Lula da Silva, e por sua mulher, Da. Marisa Letícia.

Para a ocasião, o casal recebeu do pessoal ligado ao cerimonial do Papa instruções rígidas de que não deveriam se aproximar muito ou tocar em sua Santidade. Logo na chegada, nosso então presidente deu "aquele" abraço no Sumo Pontífice, seguido pelo de Da. Marisa. O presidente Lula pegou o Papa pelo braço e o conduziu até o palanque no qual iriam proferir seus discursos.

Na ocasião, o ocorrido causou polêmica. De um lado, os jornalistas e colunistas sociais, impiedosos, criticaram a postura desrespeitosa do casal e, de outro, os menos radicais acharam que é isso mesmo, que essa é a nossa marca, já que somos cheios de calor humano.

Porém, o que o presidente e sua senhora não entenderam é que deveriam respeitar o que é conhecido como "Bolha de Privacidade",[6] ou seja, a distância física que as pessoas gostam de manter em relação às outras. Melhor dizendo, a distância que gostamos que as pessoas mantenham quando não nos são íntimas.

Essa distância é diferente de país para país, e o não respeito a essas normas pode causar grande desconforto num relacionamento de qualquer natureza social ou socioprofissional.

Na Grã-Bretanha e nos EUA, por exemplo, é costume que as pessoas, ao se relacionarem, mantenham uma distância de aproximadamente 45 centímetros até um ou dois metros para os relacionamentos íntimos e de 1,2 até 3,5 metros para os relacionamentos profissionais. Para os relacionamentos em lugares públicos, a distância convencional é de 3,5 metros.

Os brasileiros, com o excesso de calor humano e intimidade que lhes é peculiar, vira e mexe, sofrem, por parte de quem não os conhecem bem, interpretações diferentes acerca do seu comportamento. Não é incomum um estrangeiro acreditar que pode ter mais intimidade do que o normal quando conhece, por exemplo, uma mulher brasileira.

Nosso hábito de proximidade e afetuosidade nos confere a imagem de certa liberalidade que não necessariamente corresponde à realidade. Da mesma forma, as cenas de Carnaval e das praias cheias de gente bonita com roupas de banho exíguas reforçam a imagem errônea de excesso de liberdade, alegria e até de alguma perversão.

10. Diferentes percepções do tempo podem acarretar dificuldades nos relacionamentos

A relação com o tempo pode diferir bastante dependendo da cultura de cada país. A coisa é tão séria que se criou o estudo da Cronêmia,* só para pesquisar a respeito do impacto das diferentes percepções do tempo e da forma como as pessoas interagem nos seus relacionamentos, nas várias localidades do planeta. O estudo aponta dois tipos de países — monocrônicos e policrônicos.

Nos países monocrônicos, a observância do tempo do relógio tem importância vital na vida dos seus cidadãos. Os compromissos agendados e as pautas de assuntos preestabelecidos para as reuniões são sempre respeitados.

Os países escandinavos,** Japão, Inglaterra, Austrália, Itália, Canadá, Holanda, África do Sul, China, Estados Unidos, Suíça, Áustria e Alemanha são considerados países monocrônicos pelo seu apreço à pontualidade em todos os sentidos da vida em comunidade. Nesses países, tudo tem hora certa para começar e terminar, mesmo que seja fracionado em segundos.

Para os monocrônicos, qualquer reunião profissional tem uma pauta de assuntos definida previamente e que, via de regra, deverá ser respeitada. Assuntos não agendados dificilmente serão debatidos.

Vale dizer que, nesses países, qualquer meio de transporte tem seus horários marcados em frações de minutos — por exemplo, se o ônibus está marcado para passar às 9h46min, é bom o passageiro estar no ponto na hora exata. Porque, se chegar às 9h47min, seguramente terá de esperar pelo próximo veículo.

Uma história trágica relacionada ao apreço pela pontualidade aconteceu no Japão, há alguns anos. Nesse país monocrônico, o atraso de 90 segundos de um trem pode atrapalhar a vida dos passageiros que dependem de conexões. Lá, as chegadas e partidas dos meios de transporte, entre elas as do metrô, são

---

* Cronêmia — ramo da ciência que se dedica a estudar as diferentes interpretações do comportamento humano com relação ao tempo. O estudo permite entender o tempo como fator cultural que interfere no comportamento humano e nos relacionamentos sociais.
** Países escandinavos — Suécia, Dinamarca, Finlândia, Noruega e, por extensão, Ilhas Faore, Islândia, Groenlândia e Ilhas Åland.

cronometradas com precisão cirúrgica. Foi assim que, em 2004, um condutor de trens, para compensar os 90 segundos perdidos em duas estações do seu percurso, resolveu acelerar para tentar diminuir o atraso. Com isso, a composição se soltou dos trilhos, lançando-se contra um prédio de apartamentos de nove andares.

O trágico acidente deixou 73 mortos e mais de 440 feridos. Para os analistas de comportamento, a obsessão dos japoneses com a pontualidade e a eficiência foi o que provocou a tragédia.

Não é necessário dizer que, para os brasileiros, a história do condutor japonês poderia ser entendida como um possível ataque de loucura do homem, mas jamais por apreço à pontualidade.

Essa diferença de percepção acontece porque somos um país policrônico, ou seja, entendemos o tempo como pano de fundo para nossas vidas e não como fator principal.

Ao contrário dos monocrônicos, os atrasos para os policrônicos são até bem vistos, uma vez que estão associados a pessoas ocupadas, cheias de compromissos e interesses.

São países reconhecidamente policrônicos: Argentina, Bolívia, Brasil, México, Portugal, Coreia do Sul, Argélia, Caribe, França, Irlanda, Marrocos, Emirados Árabes Unidos* e os Países Árabes.**

Nesses países, muito provavelmente, uma pessoa pontual correrá o risco de ser mal vista, uma vez que, com a sua pontualidade, poderá atrapalhar a vida das pessoas com as quais vai interagir.

A confusão só acontece quando pessoas de países monocrônicos entram em contato com as dos países policrônicos; aí a coisa pode ficar feia. Intransigentes de um lado e desrespeitosos com o relógio de outro, dificilmente vão ter relacionamento fácil se não entenderem previamente as suas diferenças de percepção.

Para os brasileiros, é cena comum num consultório médico receber da recepcionista a informação de que a consulta está atrasada alguns minutos, e que a espera pode ser de mais de uma ou duas horas.

---

* Emirados que fazem parte dos Emirados Árabes Unidos: Abu Dhabi, Ajman, Dubai, Fujairah, Ra's al-Khaimah, Sharjah, Umm al-Quawain.
** Países Árabes – Jordânia, Iraque, Kwait, Catar, Emirados Árabes Unidos, Omã e Iêmen.

O mesmo se dá em relação a qualquer tipo de entrega, serviços, no ambiente profissional e até para o início das aulas nas escolas e universidades. A hora marcada, para os policrônicos, funciona apenas como balizador para que as pessoas tenham uma ideia aproximada da hora em que determinado evento está proposto para acontecer.

As diferenças de percepção entre os dois tipos (monocrônicos e policrônicos) não se atêm só ao tempo, mas à forma como se relacionam com as pessoas e com a vida.

Monocrônicos

- têm o hábito de fazer uma coisa de cada vez;
- concentram-se no trabalho;
- assumem responsabilidades com prazos e agendas;
- buscam cumprir com o prazo que foi planejado;
- preocupam-se muito com a harmonia nas relações;
- são muito cuidadosos com as regras de privacidade;
- dificilmente emprestam ou pegam emprestado alguma coisa;
- dão grande valor à prontidão;
- estão habituados a relacionamentos de curto prazo.

Policrônicos

- têm o hábito de fazer várias coisas ao mesmo tempo;
- aceitam ser interrompidos;
- veem os objetivos a serem alcançados dentro do possível, o bom é inimigo do ótimo;
- dão grande importância ao aprofundamento de relações sociais;
- podem mudar o planejado com muita facilidade;
- são muito preocupados com aqueles que são próximos e pouco com o que diz respeito à privacidade;

10. Diferentes percepções do tempo podem acarretar dificuldades nos relacionamentos

- podem emprestar e tomar coisas emprestadas com frequência;
- buscam sempre estabelecer relações de longo prazo.

Dá para imaginar que no dia a dia os relacionamentos entre monocrônicos e policrônicos pode beirar à loucura, caso as duas partes não façam concessões e lutem para se disciplinar. De um lado, os monocrônicos, para serem menos intransigentes com a sua percepção do mundo, e, de outro, os policrônicos, para respeitar os que têm forte apreço às regras.

Um exemplo típico dessa dificuldade de relacionamento aconteceu nos primeiros meses após a escolha do Brasil para sediar a Copa das Confederações em 2013 e a Copa do Mundo de 2014.

Após a escolha do Brasil, em 2007, como sede desses dois eventos, a Fédération Internationale de Football Association (FIFA) elaborou uma agenda rígida para a construção e vistoria das obras de infraestrutura nos estádios das cidades que seriam sede dos jogos.

Para surpresa da entidade, em 2011, na visita ao país, um susto: nenhum dos 12 estádios que receberiam a competição estavam prontos. Nada do que fora acordado estava em dia. Pior, em alguns deles, as obras sequer haviam começado.

Para os brasileiros encarregados do evento, nada de errado podia ser apontado, a não ser que atrasos acontecem, mas que era certo que, em 2014, os estádios e as melhorias prometidas estariam concluídas. Torcida negativa de um lado, positiva de outro, o certo é que, para a percepção dos policrônicos, no final tudo dá certo.

De posse das informações a respeito das diferentes percepções entre as duas visões de mundo, monocrônicos e policrônicos, fica claro que, ao entrar em contato com um estrangeiro, vale saber qual seu país de origem, lembrando que agir de forma que não seja mal interpretado é uma garantia para passar uma boa imagem logo no primeiro contato.

Para os brasileiros, de natureza policrônica, é importante, quando em contato com estrangeiros, entender que os atrasos, as falsas promessas ou as pequenas invasões de intimidade podem ser percebidos como grosseria, falta de profissionalismo e desrespeito.

Uma boa dica é pensar que o atraso existe, seja para os policrônicos, seja para os monocrônicos; o que muda é a unidade de tempo tomada como referência do que é aceitável ou não.

Para monocrônicos, um atraso de 5 minutos causará a mesma impressão de um atraso de meia hora para um policrônico. Seguindo essa linha de raciocínio, um atraso de 10 minutos para um monocrônico pode ser amenizado por um telefonema de desculpas e explicação, o que só faria sentido para um policrônico num atraso de uma hora.

11. Percebendo os padrões de algumas culturas diferentes para uma boa aproximação

Vistas algumas diferenças de percepção relevantes, é preciso ter em mente que, dentro de todo grupo, há indivíduos diferentes. Assim, ao fazer generalizações culturais, religiosas etc., sempre corremos o risco de deixar de captar diferenças individuais importantes que podem até invalidar qualquer regra.

Seja como for, as generalizações são úteis porque em grande medida os clichês nos ajudam a fazer uma classificação inicial e auxiliam a nos preparar para evitar alguns dos possíveis desentendimentos.

Para ajudar neste processo de conhecimento, destacamos algumas dentro de muitas culturas diferentes que, seja por grandes diferenças existentes com o que nós, brasileiros, estamos acostumados, seja pelo grande contato que temos com estes países, justificam um olhar mais cuidadoso.

São pequenas dicas, resultantes de observação geral, que servem mais como alerta sobre o que pensar quando nos relacionamos do que regras absolutas.

Sabendo que nós, brasileiros, costumamos ver o mundo pela lente de nossa cultura, também fica a orientação de buscar evitar aquilo que estudiosos chamam de etnocentrismo, definido pelo dicionário de Oxford como a avaliação de uma cultura de acordo com preconceitos originados nos padrões e costumes de nossa própria cultura.

Para evitar esse risco, devemos usar muita empatia, a capacidade de imaginar como outras pessoas se sentem e têm ideias com base em sua própria realidade, o que, evidentemente, não é muito fácil. Precisamos nos colocar em seu lugar (vestir os seus sapatos) e sempre ter em mente que, possivelmente, o outro não terá a mesma interpretação que nós sobre as coisas.

No relacionamento com outras culturas, seguem algumas sugestões, dadas por Yu-Kuang Chu:[7]

- esteja atento e tome cuidado com estereótipos;
- veja a humanidade nas pessoas no contexto da grande diversidade cultural existente no planeta;

- reconheça a existência de diferentes escalas de valores;
- desenvolva empatia e preocupação ativa com outros povos;
- seja capaz de perceber as inter-relações entre linguagem e cultura.

12. Árabes

O termo refere-se a uma etnia, povo, ou seja, à etnia árabe, que é caracterizada pela língua falada nesses países. Assim, todos os povos que têm como oficial a língua árabe podem ser chamados de árabes.

O Mundo Árabe compreende oito monarquias e 13 repúblicas – Líbano, Egito, Iraque, Síria, Jordânia, Arábia Saudita, Iêmen, Sudão, Líbia, Tunísia, Marrocos, Kuait, Argélia, Iêmen do Sul, Bahrein, Qatar, Omã, Emirados Árabes Unidos, Mauritânia, Somália e Djibuti.

Boa parte dos árabes é seguidora do Islamismo, religião monoteísta criada no século VII d.C. por Maomé. Hoje, o islamismo conta com cerca de 2,5 bilhões de seguidores pelo mundo.

Islâmico ou mulçumano é a pessoa seguidora da religião islâmica, assim como os seguidores do cristianismo são chamados de cristãos e os adeptos do judaísmo, de judeus. Mas, vale dizer que os árabes podem ser católicos ortodoxos, católicos apostólicos romanos, judeus, seguidores de outras tantas religiões que existem no mundo, e muçulmanos.

Mas é preciso que fique claro que nem todo muçulmano ou islâmico é árabe. Os turcos, os iranianos e os afegãos são povos muçulmanos, mas não são árabes porque não falam a língua árabe.

A confusão, no entanto, como foi dito, é mais do que justificável, já que o termo árabe designa, atualmente, um grupo de pessoas que, embora falem a mesma língua e sigam as mesmas tradições, é bastante amplo e heterogêneo em termos de localização geográfica, cultura, religião, hábitos e costumes.

Os árabes, em sua grande maioria, estão espalhados pelo continente asiático em países como Síria, Líbano, Jordânia, Arábia Saudita, Abu Dhabi, Dubai e outros países da África, como Egito e Marrocos, e em outros países do mundo.

A Indonésia é um país cuja população é majoritariamente muçulmana (87% das pessoas são seguidoras do islamismo), embora não seja um país árabe.

Na Europa, há diversos povos muçulmanos, como é o caso dos albaneses, bósnios e chechenos, além dos imigrantes muçulmanos em países como França, Alemanha e Inglaterra.

Os costumes árabes, diferentes dos costumes ocidentais, ajudados pela indústria cinematográfica, têm desde longa data sido objeto de grande fascínio. Não é raro que a imaginação ocidental se deixe guiar por modelos hollywoodianos e acredite, por exemplo, que as mulheres árabes só andam vestidas com batas pretas que cobrem todo o corpo e o rosto ou usem os véus da dança do ventre.

O que é preciso saber é que existem árabes totalmente ocidentalizados e os que preservam suas tradições com maior rigor, vestindo-se e comportando-se de acordo com os preceitos da religião muçulmana.

Nestes casos, as diferenças começam pelos trajes. Embora boa parte dos árabes que vivem fora dos países árabes, como já dissemos, vistam-se como ocidentais, é comum, nos países de cultura mais tradicional, encontrá-los calçando as *maddas*,* usando na cabeça o *ghutrah*** e sobre o corpo a *thobe**** e o *bisht* ou *mishlah*.****

A roupa feminina, para as mais tradicionais, contrasta em muito com a das mulheres ocidentais e, é claro, com a das brasileiras. Os vestidos dessas mulheres, assim como as batas masculinas, são soltos e vaporosos e, dependendo da região, com enfeites e estilos com motivos regionais ou tribais, decorados com moedas, *cequim*,***** linha metálica ou bordados.

Para as mulheres seguidoras do islamismo, a convenção religiosa sugere que mantenham, quando em público, o *nigab******* ou a *shayla******* sobre a cabeça, usem um manto preto sobre as roupas chamado de *abaya*,******** que pode ser bordado com fios de ouro. Algumas mulheres árabes muçulmanas podem optar também por usar longas luvas pretas para manter também as mãos cobertas.

---

* *Maddas* — sandálias tradicionais, usadas nos países árabes. Sua confecção é uma verdadeira arte. São usados os couros de cabra e de camelo.
** *Ghutrah* — tradicional cobertura de cabeça usada pelos homens do mundo árabe. Pode ser feita em várias cores e padrões, sem nenhum significado cultural ou geográfico. Os mais usados são o branco, o branco e vermelho quadriculado e o branco e negro quadriculado.
*** *Thobe* — bata longa na cor branca projetada para refletir o calor e deixar o ar circular.
**** *Bisht* ou *mishlah* — manto feito de pelo de camelo tingido de preto, creme ou marrom, bordado em ouro.
***** *Cequim* — antiga moeda de ouro fabricada e utilizada na Itália. Pequeno disco de metal amarelado e utilizado como enfeite nas vestes de ciganas. Disponível em: <http://www.dicio.com.br/cequim/>.
****** *Niqab* — véu que cobre a cabeça e o rosto todo, exceto os olhos.
******* *Shayla* — echarpe preta transparente que cobre os cabelos e o pescoço.
******** *Abaya* — tradicionalmente é feito na cor preta e pode ser um grande quadrado de tecido drapeado dos ombros ou cabeça ou um longo *caftan*. A *abaya* cobre todo o corpo, exceto o rosto, os pés e as mãos.

Árabes no Brasil

Sabemos tão pouco sobre esse grande povo que muitos de nós, aqui no Brasil, nos acostumamos a chamá-los, carinhosamente, por "turcos", um outro grupo étnico, com costumes e língua completamente diferentes. Os turcos são muçulmanos, mas, como não falam a língua árabe, não são considerados como tal.

Apesar disso, nosso fascínio pelos árabes, que há milênios habitam regiões desérticas no Oriente Médio e Ásia Setentrional, é enorme, e até hoje, como nas histórias de Hollywood, somos seduzidos também pelas belas histórias de palácios e sultões, dos contos de Sherazade.*

Falar no povo árabe é lembrar de uma mescla de visões e culturas que, pelo fato de se encontrarem espalhados em tantos continentes e países diferentes, as semelhanças entre uns e outros não são tantas quanto se imagina e é terreno fértil para que os desavisados cometam pequenas e grandes gafes.

Uma história engraçada envolvendo a dificuldade em estabelecer as diferenças entre esses povos aconteceu com um conhecido, descendente de libaneses.

Numa ocasião, o conhecido, que exercia um cargo representativo num clube árabe da cidade de São Paulo, foi convidado para um jantar na casa do embaixador do Líbano no Brasil, em homenagem a uma figura de destaque daquele país.

Muitos dias se passaram até o convidado lembrar novamente de tal evento, praticamente na hora que fora marcado para começar. Sem tempo suficiente para comprar um presente e ainda atrasado, pensou rápido e da adega levou consigo uma de suas melhores garrafas de uísque para presentear o anfitrião, acreditando, dessa forma, cumprir uma das regras básicas de etiqueta: "nunca chegar de mãos vazias quando for convidado para jantar na casa de uma pessoa".

Recebido na porta pelo anfitrião, deu o presente e recebeu como resposta um agradecimento delicado e a informação de que, pela qualidade e raridade da bebida, o presente seria imediatamente guardado num esconderijo secreto.

---

* Sherazade e as mil e uma noites é um conto árabe cuja primeira referência data do ano 879. A história é sobre um rei chamado Shahriar que, sentido-se traído pela mulher, tomou-se de tal ódio que decidiu que teria todos os dias uma noiva e que na noite seguinte ao casamento a mataria. Passado algum tempo, porém, já não havia jovens para desposar o rei. Foi então que Sherazade, filha do vizir, se ofereceu para casar com ele. Para escapar do final cruel, ela contava, todas as noites, uma empolgante história, o que deixava o rei curioso com o seu desfecho sempre interrompido e adiado pela noite seguinte.

A ficha caiu na hora, acabara de dar uma garrafa de bebida alcoólica como presente para um muçulmano. O deslize, para quem não sabe, é uma gafe sem direito a qualquer tipo de absolvição.

Mas, graças à generosidade e à competência social do tal embaixador, o jantar foi agradável e o incidente não teve repercussão maior do que um comentário aqui e ali, e mesmo assim, somente em família. Até hoje, os que conhecem a história especulam sobre o destino do tal uísque, se foi direto para o lixo ou guardado a sete chaves para ser oferecido a um não muçulmano. Ninguém sabe!

Para os que conhecem um pouco a história dessa colônia no Brasil, esse tipo de incidente não é surpresa. São mais de 15 milhões de descendentes e, em sua maioria, cristãos e absolutamente integrados a nossa paisagem. São brasileiros.

Sírios e libaneses seguidores da Igreja Católica Ortodoxa começaram a chegar ao Brasil no final do século XIX, fugidos das perseguições religiosas em seus países de origem. Os que aqui estão, de modo geral, são fortemente ligados à tradição familiar e à sociedade. São alegres, destemidos e capazes de se adaptar a diferentes ambientes.

Conhecidos pelo tino para os negócios e comércio, adoram conhecer e se relacionar com pessoas diferentes e viajar. Em certa medida, características desenvolvidas há séculos pelo ambiente desértico em que viviam os seus ancestrais, mudando de tempos em tempos em busca de melhores locais para a sua sobrevivência.

Ao longo da história, para sobreviver em terras inóspitas, os árabes foram obrigados a ser destemidos com o desconhecido, a manterem-se unidos para lutar contra as adversidades e a sobreviver por meio de trocas comerciais.

Neste contexto, organizados em sociedades patriarcais, os árabes tiveram de desenvolver a capacidade de se comunicar com diferentes pessoas sem gerar atritos desnecessários.

O conhecimento adquirido vivendo situações adversas rendeu a esse povo a sabedoria para sobreviver e manter-se unido independentemente das circunstâncias e a manter vivo o legado de três milênios de civilização.

Das adversidades aos tempos de bonança, os árabes desenvolveram para os seus relacionamentos o uso da linguagem indireta e um código complexo de comportamentos, aliados a uma considerável capacidade de buscar a empatia, que permitem a eles ler nos pequenos detalhes dos gestos e comportamentos dos que com eles interagem informações relevantes para facilitar os seus relacionamentos.

Embora sejam um povo para lá de interessante, mesmo os que adotaram o Brasil como lar, as diferenças não são insignificantes. Assim, aconselhamos que qualquer interação entre árabes e brasileiros sejam mediadas por cuidados para não esbarrar em gafes, que podem comprometer a recepção a um turista, uma viagem de negócios ou até uma possível boa amizade.

Para tanto, selecionamos algumas regras que valem a pena ser seguidas:

Cumprimentos e conversas

- Apesar de sermos conhecidos pela proximidade física, quando nos comparamos aos europeus e norte-americanos, o primeiro contato com árabes pode surpreender. A proximidade física é cultivada e bem recebida. Os homens, em sinal de mútuo apreço, dependendo da situação, podem se beijar no rosto.

- A mão esquerda é usada para a higiene. O hábito faz parte dessa cultura milenar, assim, quando cumprimentar um árabe, o cumprimento deve ser feito estendendo-se a mão direita.

- Ao tratar as mulheres, muito cuidado! Tradicionalmente, essa é uma sociedade patriarcal e cumprimentos entre homens e mulheres devem ser feitos com dobrada cautela. Como o rigor em relação ao tratamento dado às mulheres é diferente de região para região e de cultura para cultura no mundo árabe, manda a prudência prestar muita atenção para não ser grosseiro. Se for o caso, manda a sensatez perguntar como se deve proceder nos cumprimentos. Na dúvida, a distância e o respeito são as melhores companhias. O pior que pode acontecer é fazer-se passar por distante ou mesmo esquisito, mas nunca desrespeitoso.

À mesa com um árabe

- Os árabes são conhecidos por sua grande generosidade. A rigor, do ponto de vista dos brasileiros, as refeições para os árabes são verdadeiros banquetes. E qualquer ocasião é considerada boa para que seja servida uma variedade enorme de pratos salgados e doces.

- Tanto faz se o anfitrião é rico ou pobre, a quantidade de comida oferecida aos convidados numa casa árabe é sempre tão farta, que muitas vezes seria o suficiente para alimentar todos os comensais por vários dias, fato que obriga os convidados a estarem preparados para comer bem e muito. Via de regra, os convidados são provocados a experimentar as mais diversas e finas iguarias e é esperado que repitam o prato inúmeras vezes. De modo geral, as refeições são tão fartas e os anfitriões tão pródigos, que não é difícil que um convidado saia passando mal por ter comido além da conta. Para a cultura árabe, satisfazer o apetite dos convidados é motivo de satisfação para os anfitriões, que sentem seus esforços e hospitalidade reconhecidos. Neste contexto, ao receber um árabe, para que ele sinta que é especial, prepare-se para oferecer uma mesa farta. Isto o fará sentir-se acolhido.

- Os árabes seguidores da religião muçulmana têm restrições a determinados alimentos, tais como: suínos e seus derivados, sangue e derivados do sangue, animais carnívoros e bebidas como vinho, licores, champanhes, entre outros.

Da mesma forma, existem alimentos que são tolerados e outros que são livres para o consumo.

São considerados apropriados: leite (de vacas, ovelhas, cabras ou camelas), mel, peixes, plantas que não são intoxicantes, legumes frescos ou congelados *in natura*, frutas frescas ou secas, leguminosas como amendoim, nozes, castanhas etc., grãos como trigo, arroz, painço, milho, aveia etc.

- Para os árabes, o sentar à mesa não é apenas uma oportunidade para alimentar o corpo, mas um momento dedicado à prática de intensa troca social e cultural. A culinária árabe é muito propícia para isso. É composta por diversas pastas para serem apreciadas em porções comunitárias e muitas porções de petiscos variados, frutas secas, pães e outras delícias próprias dessa cozinha. Os árabes tradicionais e mesmo os ocidentalizados, em algumas situações, costumam usar os dedos da mão direita como pinças em vez de talheres para comer. Assim, é de bom tom, se for o caso, numa mesa árabe, pôr os talheres de lado e se deixar levar por esse hábito milenar. Deve-se evitar mergulhar o pão duas vezes nos pratos que forem para ser compartilhados por todos, como no caso das pastas. Uma vez levado à boca, é falta de higiene voltar o mesmo pão para se servir.

- Embora possa ser gostoso, evite, se possível, combinar quibes ou esfirras com *ketchup* ou mostarda e servir quibes recheados de queijo. As adaptações tropicais podem não ser muito bem-recebidas entre os árabes mais tradicionais. Fora esses pequenos detalhes, a regra é aproveitar muito, falar bastante e sorrir!

Dar e receber presentes

- Quando receber um presente de um árabe, faça-o com a mão direita ou com as duas mãos. Lembre-se de que a mão esquerda é usada para higiene e considerada impura.
- Diferentemente de outras culturas, o presente deve ser aberto e agradecido efusivamente na hora e na frente da pessoa que o deu.
- Ao presentear, tome alguns cuidados, caso não conheça bem quem vai receber o mimo. Álcool ou presentes confeccionados com porco são considerados ofensivos para os muçulmanos. Mas são bem-vistos objetos de prata, joias, ouro, pedras preciosas ou semipreciosas, porcelanas, ornamentos de cristal. Roupas de lã ou de caxemira também são boas alternativas. Caso o presente tenha de ser de couro, não deve ser confeccionado de porco.
- Aqui, vale usar do bom senso ao presentear mulheres para evitar desentendimentos, pois em famílias de tradição muito arraigada não é apropriado a um homem presentear uma mulher que não seja a sua ou mesmo perguntar sobre ela, até sobre a sua saúde. Neste caso, o truque é entregar o presente da mulher ou da filha para o homem e dizer que aquele que entrega é apenas o portador do presente escolhido por sua mulher ou filhas.

A generosidade e reciprocidade devem ser a nota principal quando o assunto é presentear um árabe. Vale aqui contar um caso: certa ocasião, num jantar em homenagem à visita de um político árabe de grande importância ao Brasil, uma das convidadas brasileiras sentada ao lado do político, sem ter o que conversar, elogiou o relógio de ouro do seu vizinho.

Praticante da boa educação árabe, imediatamente o visitante tirou do pulso o relógio e o ofereceu à brasileira. Acreditando tratar-se de uma gentileza para que ela pudesse observar melhor a joia, a mulher tomou o relógio da mão do árabe, inspecionou e elogiou o belo objeto, como costumam fazer os brasileiros em situações como essa.

Porém, quando a convidada foi devolver a joia, o homem recusou-se a recebê-la, dizendo que era um presente. Assustada com a oferta, a convidada não aceitou, dizendo-se honrada, mas que o interesse pela peça era puramente estético. Mas, não deu outra, o árabe recusou-se a receber a joia de volta.

Confusa e encabulada, a brasileira foi imediatamente orientada pelo intérprete a aceitar o belo presente, caso contrário, o gesto seria entendido como uma grande ofensa.

Dias mais tarde, a convidada, dona de um lindíssimo relógio, recebeu em casa o par da joia, só que desta vez para o marido.

Mundo dos negócios

- Diferentemente dos norte-americanos, que influenciaram muito a nossa cultura, para os árabes, a separação entre o lazer e o trabalho não é tão acentuada. Para eles, a concretização dos negócios depende muito do clima de confiança desenvolvido entre os interessados. E, para que isso ocorra, é comum numa visita de negócios que se gaste muito tempo com jantares, almoços, visitas a casa, considerados como passos importantes para o mútuo conhecimento.

- Ao receber uma delegação ou um representante árabe, deve-se evitar marcar logo de cara a reunião para tratar de negócios. É de bom tom mostrar os talentos como anfitrião recebendo o convidado no aeroporto, levando-o para almoçar, para conhecer a cidade e, só no dia seguinte, começar a falar sobre o objetivo do encontro. Nestas situações, vale lembrar da tradição dos nossos conterrâneos de Minas Gerais, ir com toda calma ao pote, dando tempo ao tempo.

- Da mesma forma, ao ser recebido por um árabe, prepare-se para aceitar com disposição os convites e agrados, uma vez que a sua recusa pode ser vista como ofensa.

- No primeiro contato, procure abordar temas leves, como as belezas naturais do país, as maravilhas do país do visitante e a variedade da culinária local. Ofereça iguarias locais, convide-o para visitar a casa, enfim, abuse de outros assuntos que demonstrem interesse pelo visitante. Lembre-se de que a harmonia deve ser preservada.

- Assuntos delicados não devem ser abordados diretamente e, sempre que possível, evite o confronto direto ou acusações. Quando lidamos com árabes, muitas vezes é melhor, nas situações delicadas, apresentar nossos sentimentos e deixar que eles concluam a razão para o descontentamento.

- Não deixe a sola dos sapatos à mostra quando cruzar as pernas. Isto é um insulto, porque a sola é a parte mais baixa do corpo e a mais suja.

- Em algumas regiões, os homens costumam andar de mãos dadas; isso é considerado sinal de amizade e respeito entre eles.

- Em alguns países árabes, é falta de educação apontar com o indicador para as coisas. Caso vá dar ou pedir uma indicação, não deixe de usar a mão inteira para mostrar a direção.

13. Alemães, austríacos e suíços

Estes são os três representantes de parte importante da Europa economicamente desenvolvida — Alemanha, Áustria e Suíça. Falam a língua alemã, ainda que, na Suíça, apenas uma parte do seu território, tem proximidade geográfica e oferece aos seus habitantes um alto índice de desenvolvimento humano.

Dizem as más-línguas que os três países vivem disputando qual deles possui os Alpes mais bonitos, Garmisch Partenkirche (Alemanha), Kitzbühel (Áustria) ou St. Moritz (Suíça), e vivem reclamando sobre o dialeto (ou seja, sobre a variedade) linguística que um e outro falam. Fora isso, parece que se dão muito bem.

Os alemães são considerados um povo orgulhoso, apaixonado por carros velozes, tecnologia de ponta e eficiência. Os austríacos são vistos como grandes festeiros, muito politizados e apaixonados por sua história, cultura e educação. Já os suíços são percebidos como firmes, seguros e muito independentes, além de apaixonados por seu país, a *petit Suisse,* e seus relógios e deliciosos queijos e chocolates.

Na Alemanha e na Suíça, é comum encontrar pessoas obcecadas com a economia e a redução de gastos. Na Áustria, vê-se em todo lugar o culto pela vida social, o consumo e as festas. Mas a tolerância em relação a atrasos, nos três países, é tão baixa, que não é difícil uma reunião entre amigos deixar de acontecer, caso a visita se atrase mais do que 15 minutos.

Para ter uma ideia da importância da pontualidade nesses países, vale contar o caso do brasileiro que estudou na Alemanha e, logo no primeiro dia de aula, acompanhado de outros alunos de origem alemã, decidiu, 5 minutos antes de a aula começar, dar um pulinho rápido até a biblioteca.

Surpresos com a decisão do brasileiro, os alemães que o acompanhavam avisaram que, caso não fosse pontual, provavelmente receberia uma advertência do professor. Despreocupado com o relógio, o brasileiro correu à biblioteca, alugou os livros de que precisava para a tal aula e chegou na sala atrasado apenas 7 minutos.

Ao abrir a porta do anfiteatro, o professor parou de falar e aguardou o brasileiro sentar-se. Em seguida, perguntou ao aluno se ele estava bem acomodado e emendou que, caso alguém desejasse chegar atrasado, que pensasse se não era melhor ficar em casa dormindo em vez de atrapalhar os colegas. Entre risos e piadas dos colegas alemães, o brasileiro acabou ficando conhecido como *always late* (sempre atrasado).

Para evitar deslizes nas interações com esses povos, traçamos uma lista de atitudes que podem colaborar para facilitar os relacionamentos e não ganhar apelidos:

- nunca se atrase e, se puder, chegue 15 minutos antes do horário marcado;
- na eventualidade de ter de se atrasar, telefone antes da hora marcada para o compromisso e avise o ocorrido, mas não se surpreenda, caso a pessoa cancele o encontro;
- se for receber pessoas de um desses três países para uma reunião de negócios ou para um evento social, esteja pronto no horário marcado ou mesmo alguns minutos antes. Lembre-se de que, para eles, 9 horas são 9 horas e não 10 ou 11;
- para os alemães, austríacos e suíços, a palavra quando dada tem valor de um contrato, provavelmente em função da herança histórica do *comitatus*.* Assim, a melhor forma de evitar desentendimentos é não se comprometer a nada, caso não esteja disposto a cumprir. Acredite, se alguém desses três países fizer alguma promessa, dificilmente ela será quebrada; procure fazer o mesmo quando estiver interagindo com qualquer um deles;
- nos três países, as regras foram feitas para serem cumpridas. O apreço às regras é tão grande que, na Suíça, por exemplo, até o lixo é regulado. Os suíços se orgulham de possuir o lixo mais limpo do mundo, façanha que é alcançada graças a um detalhado sistema de cobrança por sacos, datas específicas para o recolhimento de seus variados tipos e um alto nível de conscientização da população sobre a importância de cumprir as regras estabelecidas pela comunidade;
- segurança e confiabilidade são valores importantes nessas três culturas. Não é difícil, se isso não for levado a sério, que as interações acabem em atritos e choques culturais;
- o nosso "jeitinho" para descumprir as regras ou coisas como "a lei que não pegou" não existem nesses países. Evite situações em que os brasileiros costumam dar "jeitinhos", pois, provavelmente, não serão bem-vistas;

---

* *Comitatus* – costume que manteve a paz e a harmonia nas relações entre nobres e vassalos na Idade Média.

- é pouco provável, com exceção de alguns austríacos, encontrar alguma pessoa de um desses países disposta a jogar conversa fora com um desconhecido;

- quando estiver conversando com uma pessoa de origem germânica, mantenha uma distância física maior do que aquela que estamos acostumados a adotar. Toques ou tapinha nas costas não costumam ser muito bem-aceitos;

- esteja preparado para uma comunicação muito direta. Os alemães, os austríacos e os suíços podem causar a impressão de que são duros, frios ou até mesmo desagradáveis. Mas, para eles, os brasileiros, em determinadas situações, são também estranhos, excessivamente emocionais, pouco claros e, muitas vezes, invasivos;

- para os austríacos, um convite para um churrasco, na grande maioria das vezes, significa: venha com a barriga vazia e apetite para comer um boi inteiro, se puder. Para um suíço, por outro lado, isto quer dizer: venha nos fazer companhia e traga seu próprio pedaço de carne, suas salsichas e mais o que desejar bebericar. Dá para imaginar que, se for convidado para um evento na casa de um suíço, é recomendável levar mais do que uma caixinha de chocolates para a anfitriã;

- quando visitar povos germânicos, especialmente no inverno com neve, lembre-se de usar meias sem furos e limpas. Isso porque, nesses países, é comum ao anfitrião pedir aos convidados que tirem os sapatos ao entrar na casa, para mantê-la limpa;

- em geral, povos germânicos dão grande importância ao uso de trajes apropriados para as ocasiões festivas e esperam que os convidados compareçam vestidos da forma que foi solicitada. Assim, para evitar desentendimentos, convém perguntar, quando convidado, qual a vestimenta apropriada para a ocasião e respeitá-la.

Fica claro, pelo que foi aqui exposto, o motivo de os povos germânicos terem a fama de durões, trabalhadores dedicados e focados, que não gostam de gastar mais do que o necessário e que ficam inconformados quando submetidos a situações que envolvam falta de organização e confusão.

Assim, as interações entre brasileiros e germânicos ou qualquer outro povo, como já foi dito, para evitar desentendimentos, devem estar permeadas de bom humor, respeito, empatia e muita compreensão.

14. Japoneses

De modo geral, brasileiros e japoneses se relacionam desde longa data. Somente no Brasil vivem cerca de 1,5 milhão de japoneses distribuídos nos vários Estados da Federação, constituindo uma das maiores colônias fora daquele país.

Como em outros casos, a cultura brasileira incorporou em seu dia a dia muitas referências da cultura japonesa, como, por exemplo, a culinária, ainda que adaptada ao paladar local, passando por alimentos como o morango e a mexerica, o gosto pelo saquê, que concorre acirradamente com a cachaça para compor as deliciosas caipirinhas, o gosto pelas artes marciais, o *shiatsu* e tantas outras coisas boas daquele país.

Mas, mesmo com tudo isso, o abismo cultural entre brasileiros e japoneses é tão significativo que, somente agora, algumas gerações após a chegada desses imigrantes no Brasil, os casamentos entre japoneses e brasileiros passaram a ser mais bem aceitos no seio da comunidade japonesa. São tantas as diferenças que é provável que, nos relacionamentos com esse povo, se cometa alguma gafe.

Mas, estudando um pouco sobre a origem e a motivação dessa cultura milenar, é possível compreender certas atitudes, bem como minimizar os eventuais desentendimentos.

O Japão é um país insular, situado no Oceano Pacífico. Composto por inúmeras ilhas com geografia acidentada e montanhosa, o território habitável no Japão não é muito extenso e está sujeito às terríveis consequências de terremotos e maremotos.

Boa parte de seus aproximadamente 130 milhões de habitantes vive em cidades densamente povoadas e, de forma geral, a população do país é homogênea, composta praticamente por japoneses que têm o japonês como língua oficial.

Para sobreviver em um ambiente tão pouco favorável, a percepção e o respeito ao outro e ao seu espaço, a ordem e a utilização racional de recursos limitados foram e continuam sendo muito importantes para a convivência social e para uma vida harmoniosa.

No Japão, diferentemente do Brasil ou mesmo da Europa, a madeira pouco abundante foi até pouco tempo o principal combustível para a preparação dos alimentos. Vale aqui uma curiosidade levantada por Ariovaldo Franco:[8] a lenha só era suficiente para manter uma panela no forno por 15 minutos, o que explica por que a culinária japonesa é predominantemente composta por alimentos fritos picados e até crus, tais como *sushis* e *sashimis*, tão apreciados pelos brasileiros.

Para viver em um território tão densamente povoado, pobre em recursos naturais e sujeito a todo o tipo de desastres naturais, os japoneses tiveram de aprender a depender uns dos outros, o que só é possível se a vida for permeada de grande respeito e compreensão.

Isto explica por que japoneses, em geral, não gostam de desperdícios, respeitam o espaço e gostam de ter seu espaço respeitado, são disciplinados, cumprem horários, respeitam a hierarquia e estão sempre atentos ao cumprimento de normas sociais.

Graças ao relativo isolamento, à língua pouco permeável e acessível a estrangeiros e à considerável homogeneidade da população, os japoneses possuem uma grande capacidade de entendimento uns sobre os outros, de tal forma que, quando um japonês se senta ao lado de alguém, não precisa trocar qualquer palavra para dizer muito sobre essa pessoa. Sem depender tanto das palavras, os japoneses usam muito da comunicação indireta para se fazer entender.

Um exemplo da comunicação indireta é a cerimônia do chá,[*,9] em que os convidados compartilham durante horas profundas experiências sensoriais ditadas por regras que têm o propósito de transmitir conceitos como simplicidade, humildade, naturalidade, profundidade e, ainda, de imperfeição e falta de simetria, elementos que fazem parte do conceito de beleza *wabi-sabi* cultuada por aquele país.

No Brasil, raramente prestamos atenção aos detalhes de comunicação indireta quando interagimos com outras pessoas e, para nós, vale o que é dito, sem que sejam necessárias muitas explicações ou detalhes.

Mas, para os japoneses, é diferente: como a linguagem verbal é formada por um sistema complexo de construções frasais, para evitar equívocos na

---

[*] Embora o hábito de tomar chá seja de origem chinesa, a cerimônia do chá é, sem dúvida, uma das mais importantes tradições japonesas.
O costume de tomar chá ganhou espaço nas tradições daquele país, chegando a ser o centro das reuniões sociais. Segundo Hammitzsch (1993, p. 92), o sentido original do Chanoyu (cerimônia do chá) está "na união harmoniosa entre o céu e a terra e por isso representa um veículo de paz e também um meio de preservar a ordem no mundo" e uma oportunidade para desfrutar com os amigos.

compreensão do que é falado, tudo deve ser muito explicado e detalhado, até que não restem dúvidas sobre o que foi solicitado e o que foi respondido. A ideia é evitar equívocos, como o que aconteceu com um jovem auditor descendente de japoneses no Brasil.

Em certa ocasião, um japonês procurou uma grande empresa de auditoria para obter informações a respeito do ambiente legal brasileiro. Foi atendido por um rapaz que, embora falasse fluentemente a língua japonesa, não estava habituado às nuanças da comunicação daquele país.

O cliente, um homem de poucas palavras, ao solicitar o trabalho, pediu o máximo sigilo e a maior rapidez possível. Na cultura japonesa, como já sabemos, quando alguém fala "a maior rapidez possível" significa realmente rápido!

Preocupado com o tempo, o profissional fez o máximo que pôde rapidamente e, em uma semana, respondeu ao cliente, acreditando que ali estava encerrada a solicitação.

Na manhã seguinte, receberia a notícia de que a resposta apresentada nada tinha a ver com o que fora solicitado. Isso porque o japonês usou um termo ambíguo em sua solicitação e o auditor não pediu confirmação do sentido que deveria ser interpretado.

Nesse contexto, os japoneses, sabendo sobre o quanto a linguagem é imprecisa, preocupam-se em esclarecer todos os possíveis enganos antes de dar um assunto por encerrado.

Nos encontros com japoneses que visitam o país a trabalho ou lazer, as diferenças são muito marcantes e são raras as oportunidades em que o contato entre brasileiros e japoneses não causam espanto e pequenos desentendimentos para ambos.

Assim, para ter sucesso nos relacionamentos que se estabelecem com os japoneses, é preciso atenção, respeito e cuidados, como mostram as regras de etiqueta que seguem.

Cumprimentos e apresentações

> De modo geral, os japoneses não têm o hábito de cumprimentar as pessoas apertando as mãos. O cumprimento é feito inclinando-se a

- cabeça e olhando para baixo, como sinal de respeito ao anfitrião. É errado baixar a cabeça e continuar olhando para o rosto da outra pessoa.
- Nas apresentações, deve-se mencionar o sobrenome, seguido do nome. Para ser gentil nos cumprimentos, o homem pode posicionar os braços ao longo do corpo e a mulher, juntar uma mão em cima da outra e posicioná-las em frente ao ventre.
- A troca de cartões de visitas é feita não com uma, mas com as duas mãos, e com o nome da pessoa voltado na direção de quem vai receber. Isso simboliza total entrega para a pessoa que recebe o cartão e vice-versa. Se estiver sentado em uma mesa, o cartão deve ser colocado com a face para cima e na frente da pessoa que o recebeu, que não deve colocá-lo no bolso ou dobrá-lo.
- A escolha dos temas para as conversas também segue certos formalismos, sendo os assuntos normalmente neutros e sem fazer menção a temas constrangedores ou sensíveis.
- Os japoneses costumam ser indiretos nas suas observações e na maneira de falar. Fazem isso para não humilhar a outra pessoa. Logo, observações tais como "isso não é verdade" ou "você não entende" não devem ser usadas quando se conversa com um japonês, porque são consideradas ofensivas.

Refeições com japoneses

- Se for encontrar com um japonês num restaurante, chegue com 10 minutos de antecedência.
- Ao final da refeição realizada em restaurante, manda a etiqueta que a pessoa se prontifique a pagar a conta. Mas, se o japonês quiser pagar, recuse três ou quatro vezes por educação. Depois, agradeça várias vezes e telefone para agradecer novamente ou mande um *e-mail*.
- Os japoneses têm o hábito de recusar várias vezes antes de aceitar qualquer coisa. Como sinal de boa educação, deve-se insistir muitas vezes para que a pessoa aceite o que é oferecido. Isso acontece, inclusive, quando o que está em jogo é um lugar para sentar-se num ônibus lotado.

- Diferentemente de algumas partes da Ásia Oriental, é muito indelicado arrotar depois das refeições.

- Ao beber algo alcoólico, é costume que uma pessoa sirva a outra antes de colocar a bebida em seu próprio copo. Se a pessoa quiser encher novamente o seu copo, deve começar servindo os outros e por último a si próprio. Caso queria parar de beber, é só não deixar o copo vazio.

- Nas confraternizações, é esperado que o convidado acompanhe o anfitrião na bebida. Sabendo que isso pode ser um problema para muitos, se possível, mantenha o copo meio cheio e beba devagar. Com isso, o anfitrião japonês, acostumado aos modos ocidentais, vai entender que ele foi acompanhado e você não precisará sair carregado.

- Quando for brindar com os japoneses, evite usar o termo "tim-tim", porque significa "pênis" naquela língua. Para eles, a palavra usada é *kanpai*.

- Não aponte o dedo, os pés ou os *hashis** para as pessoas e, em hipótese alguma, os espete no arroz. Uma história engraçada aconteceu em certa ocasião, com um brasileiro convidado para jantar com o ancião de uma família japonesa naquele país. Sem saber dessa regra, o convidado, ao ficar satisfeito, espetou os pauzinho no arroz. A família, chocada, não sabia o que fazer, o ancião esbugalhou os olhos e todos ficaram sem reação: espetar os *hashis* no arroz significa, no Japão, a morte.

Higiene para os japoneses

- Evite assoar o nariz na frente de outras pessoas e, se o fizer, não use lenços de tecido, mas apenas os de papel. Depois de assoar o nariz, não guarde o lenço no bolso ou bolsa. Os japoneses, como outros asiáticos, consideram o ato rude e anti-higiênico, ainda que se use lenço. Mesmo sabendo que é um hábito ocidental, isso os faz sentir desconfortáveis. No Japão, quando a pessoa está resfriada, usa uma máscara para evitar que o outro fique doente. Fala sério, isso é que é espírito de comunidade!

- Caso seja convidado para a casa de uma família japonesa, certifique-se de que está usando um par de meias que não esteja furado, porque

---

* *Hashis* são pauzinhos que servem para os japoneses pegarem os alimentos. De modo geral, muitos povos orientais usam os hashis no dia a dia, dispensando a faca.

é certo que terá de tirar os sapatos na entrada da casa e colocar um chinelinho oferecido pelo anfitrião. Se isso acontecer, deixe os sapatos com o bico em direção à porta. A ideia é ser prático e facilitar a vida na hora de calçá-los ao sair. Se estiver visitando o Japão, não entre com os sapatos no provador, tire-os do pé e entre descalço na cabine.

Etiqueta na interação com os japoneses

- Se estiver em visita àquele país e for andar de metrô, na escada rolante das estações a regra é ficar à esquerda e deixar quem tem pressa passar.
- Para saber se o banheiro está ocupado, os japoneses têm o hábito de dar uma batidinha na porta. Para responder, é só bater uma ou duas vezes, indicando que o banheiro está ocupado.
- Caso um japonês venha a ser seu vizinho, não estranhe se receber um presente simbólico, tal como: três laranjas, um chocolate ou um doce. Os presentes são simples para que a pessoa não pareça esnobe.
- Evite expressar sua opinião de forma clara ou direta. Os japoneses fazem uso na vida social do que chamam de *honne-tatemae*[*] (opinião pública). O objetivo é não incomodar a harmonia do grupo e consiste em, tanto quanto for possível, concordar com as pessoas ao seu redor. O que os japoneses pensam realmente, dependendo das circunstâncias, nunca será revelado.
- Evite interromper as pessoas enquanto elas estão falando ou pensando numa resposta. Curtos períodos de silêncio fazem parte das conversas ou discussões.

---

[*] *Honne-tatemae* é o hábito de elogiar as pessoas, fazendo parte das interações sociais entre os japoneses. Para eles, esta é uma forma de manter a harmonia entre as pessoas. Podem ser sinceros, mas também mera bajulação ou um ato de pura simpatia. Os elogios são lesados como uma medida simpática de hospitalidade para com os estrangeiros. Muito usado nas negociações, são considerados como observações de fachada, para quebrar o gelo. Como elogio, pode ter vários sentidos. É importante que sejam levados em consideração o sentido, a modulação da voz e a situação em que o elogio foi feito.

Presentes merecem cuidados especiais

- Para os japoneses, chineses e coreanos, o número quatro tem o mesmo som da palavra morte. Assim, é de bom-tom evitar presentes com qualquer coisa que tenha quatro itens (quatro sabonetes ou quatro garrafas de vinho etc.) ou estampado o número quatro, mesmo entendendo que são poucos os japoneses que realmente dão grande importância a essa superstição.

- Os japoneses entendem que tudo o que é dado como presente deve envolver cuidados não só com o objeto presenteado como também a forma como é embalado. Tudo deve deixar claro o cuidado, a afeição e a importância que é dada para a pessoa que vai receber o presente.

15. Norte-americanos

A proximidade com o povo norte-americano faz que boa parte dos brasileiros os considere como absolutamente idênticos no que diz respeito à percepção sobre hábitos e costumes, o que muitas vezes leva a que se cometam grandes gafes.

Mesmo podendo ser considerados informais e extrovertidos, os norte-americanos têm regras e visões próprias e que, nas interações com brasileiros, se não forem respeitadas, podem causar constrangimentos e até, dependendo da circunstância em que foram cometidas as gafes, dificuldades para os negócios ou mesmo para os relacionamentos.

Os Estados Unidos formam um país de dimensão continental, como o Brasil, e são o 4º país mais extenso do mundo, com uma população estimada em mais de 300 milhões de habitantes distribuídos nos 50 Estados da Federação.

Um país cheio de contrastes que se revelam no campo e na cidade, no Norte e no Sul, na sociedade, no ambiente, nos seus costumes; um país com várias faces.

Cada região possui características próprias, algumas tipicamente norte-americanas, outras cosmopolitas, fruto da mistura dos povos estrangeiros que, ao longo dos anos, a partir do século XIX, migraram à procura de uma nova vida, mais próspera e livre.

Uma curiosidade sobre os EUA é que, diferentemente de muitos países, como Brasil, Portugal, Dinamarca, México e outros, eles não possuem uma língua oficial. Lá, cada Estado pode, de acordo com suas leis, tornar oficial a língua "que quiser". Mas, mesmo o inglês sendo falado por 80% da população, a nação como um todo não tem uma língua considerada oficial.

Os norte-americanos são um povo muito patriota, respeitam e até se sacrificam em nome do seu país. É fato comum ver tremulando por toda parte do país a Bandeira Nacional, inclusive nas casas. Para simplificar o relacionamento com esse povo, listamos alguns comportamentos que devem fazer parte das preocupações nas interações entre brasileiros e norte-americanos.

Cumprimentos e apresentações

- Os norte-americanos costumam cumprimentar-se com um aperto de mãos firme e rápido ou com um aceno de cabeça, acompanhado de uma saudação verbal. Beijos somente se as pessoas se conhecerem razoavelmente bem.

- No ambiente de trabalho, é costume que cumprimentem a todos, do faxineiro ao presidente, com "bom-dia", "boa-tarde" e "boa-noite" e, de modo geral, sorriem sempre: não fazê-lo é considerado grosseria, mesmo quando estão em outro país, como no Brasil. Caso um conhecido norte-americano esteja acompanhado de outras pessoas, é educado cumprimentar a todos do grupo.

- Os norte-americanos prezam muito a titulação de uma pessoa e usam os pronomes de tratamento em todas as situações formais. Assim, fazer uso de "senhor" ou "senhora" para os mais velhos, mulheres casadas e para quem não é íntimo, seguido do sobrenome ou de "Doutor" ou "Professor", demonstra respeito e boa educação. Essas regras são válidas quando nos dirigimos às pessoas verbalmente ou por escrito, tanto para os turistas como para os executivos que aqui vêm.

- Ao conversar, mantenha distância da pessoa com quem fala. A proximidade nesse país não é bem-vista.

Etiqueta

- Se esbarrar em alguém nos EUA ou em algum norte-americano no Brasil, peça desculpas na mesma hora. Para eles, faz parte da etiqueta se desculpar sempre que esbarram em alguma pessoa.

- Os norte-americanos, turistas ou não, detestam pessoas invasivas; a discrição em relação à vida privada é apreciada ao extremo.

- A liberdade de expressão é um direito e as escolhas individuais de modo geral são respeitadas.

- A impaciência é uma característica norte-americana, principalmente para com as pessoas que não falam o inglês. Nas interações que acontecem fora do país, e as que acontecem no Brasil com norte-americanos, temos de entender essa característica do povo e ter paciência.

- Os norte-americanos estão acostumados a dizer "por favor" para tudo o que precisam e agradecer com um "obrigado" para qualquer gentileza. No Brasil, quando receber um turista norte-americano, lembre-se de aplicar essa regra a todas as situações.

- Os norte-americanos têm o hábito de segurar a porta em qualquer situação para a próxima pessoa, não importa se for homem, mulher, idoso ou criança.

- Sempre que for convidado para uma refeição ou para ir à casa de um norte-americano, é bem-visto levar um presente e, no dia seguinte, enviar um cartão de agradecimento.

- Os norte-americanos são exigentes em relação à pontualidade e adoram se relacionar com pessoas como eles, monocrônicas.

- Chegar de surpresa na casa de alguém não é bem-visto nos hábitos e costumes dos norte-americanos; telefonar para saber se a pessoa poderá recebê-lo é a garantia de ser bem-recebido.

- Falar alto em lugares fechados ou chamar alto por um amigo dentro de uma loja, naquele país, é considerado algo muito grosseiro.

- Beber nos compromissos de trabalho é perfeitamente aceitável, mas o *three martini lunch** é cada vez mais raro e ficar bêbado está fora de cogitação.

- Como em outros países, evitar assuntos delicados, como religião, política, aborto, racismo, sexualidade de alguém ou falar mal do governo norte-americano é o caminho certo para ser bem-visto. Quando for puxar assunto com alguém, procure assuntos sempre amenos.

- Norte-americanos são muito sérios quando os assuntos são as regras e as leis, e lá nem tudo acaba em pizza. Certa vez, um brasileiro que voltava de viagem dos Estados Unidos, portando consigo três baterias de formato cilíndrico, foi desrespeitoso, ao ser perguntado pelos agentes da imigração sobre o que eram os objetos. Na brincadeira, o brasileiro respondeu "bananas de dinamite". Resultado: acabou um mês e meio preso nos EUA.

- O tempo destinado às refeições pode não ser respeitado.

---

* *Three martini lunch* – expressão usada pelos norte-americanos para designar o hábito de convidar para tomar várias doses de *dry martini* durante o almoço de negócios. O hábito caiu em desuso porque, na maior parte das vezes, os executivos acabavam um pouco alterados pela bebida.

16. Franceses

A França pode ser considerada a nação que estabeleceu boa parte das normas de etiqueta usadas em todo o mundo ocidental ainda hoje.

A etiqueta como a conhecemos nasceu no século XVII, com o rei francês Luís XIV, conhecido como o "Rei Sol". Para mostrar para a burguesia que o poder não tinha a ver somente com dinheiro, o rei decidiu fazer com que todos os nobres que pertenciam à corte ou quisessem fazer parte dela seguissem à risca as regras complicadíssimas de etiqueta e cerimonial, em grande parte criadas por ele próprio.

Nessa época, entre os séculos XVII e XVIII, praticamente tudo em termos de hábitos e costumes passou a ser regulamentado pela corte do rei. Para o pensador Elias Norbert, até mesmo o ato de olhar o rei se vestir ou tirar a roupa e assisti-lo ir ao banheiro transformou-se num grande privilégio para a mais alta nobreza que desfrutava a proximidade do monarca.

Segundo Elias, o fato de o rei despir sua camisa noturna e vestir sua camisa de dia era, sem dúvida, uma atividade necessária; mas ela ganhou imediatamente um outro sentido no contexto social. O rei fazia disso um privilégio para os nobres presentes, que os distinguia diante dos outros. O grand chambellan tinha o privilégio de ajudá-lo com a camisa; segundo determinação prévia, só era obrigado a ceder seu privilégio a um príncipe, e a mais ninguém.[10]

Ainda segundo Elias (2001, p. 102), Luís XIV mantinha o controle dos seus súditos pelas regras de etiqueta usadas no Palácio de Versailles. Com o tempo, o Palácio, representação máxima de poder, passou a ser a sede da alta nobreza e o local onde irradiavam todos os hábitos e costumes.

O rei considerava as regras de cerimonial e protocolo como um instrumento de dominação e dizia que quanto mais distante e inatingível fosse a sua posição, maior seria o respeito de seus súditos para com o monarca.

> É difícil calcular o número exato de pessoas que moravam ou podiam morar no palácio de Versailles. Todavia, um relato diz que, no ano de 1744, cerca de 10 mil pessoas – incluindo a criadagem – foram acomodadas no castelo; isso fornece uma imagem aproximada de suas dimensões. (ELIAS, 2001, p. 99).[11]

Na época, a corte francesa, que estava acostumada a usar as mãos para comer, teve de aprender as rígidas regras de comportamento, hábitos e postura à mesa, tais como não se sujar enquanto comia, a controlar a fome, limpar os lábios depois de tomar um gole de vinho e a comer bem devagar.

O comportamento à mesa era encarado como um ritual tão complexo que, para saber todos os detalhes, era preciso nascer nobre, caso contrário, seria quase impossível aprender todas as regras depois de adulto.

As regras de etiqueta cada vez mais rígidas aumentaram a distância social entre os súditos e o rei, diminuindo a convivência entre pobres e ricos, já que, sem o domínio dos códigos de etiqueta estabelecidos, o contato ficava cada vez mais difícil.

Da mesma forma, os hábitos da corte de Luís XVI passaram a ser imitados em outros países da Europa e a língua francesa considerada refinada, a língua culta e símbolo de status para as classes superiores no mundo da época.

Para Luís XIV, tudo, a etiqueta, o cerimonial e as aparências tinham importância vital no reconhecimento da figura do rei e escreveu em suas memórias:

> Estão grandemente enganados aqueles que imaginam trata-se aí apenas de questões de cerimônia. Os povos sobre os quais reinamos, não podendo penetrar o fundo das coisas, pautam em geral seu julgamento pelo que veem exteriormente, e o mais frequente é pelas primazias e posições que medem seu respeito e sua obediência. (ELIAS, 2001, p. 132-133).[12]

Com o tempo, a nobreza passou a ser imitada pelos milhares de trabalhadores que viviam em Versailles e, aos poucos, boa parte das regras de etiqueta foi se difundindo, até cair nos usos e costumes dos franceses de qualquer estrato social.

O mesmo se deu com a aparência, que também ganhou destaque na época com a rainha Maria Antonieta, passando a ser motivo de grandes gastos e preocupações, para que os nobres aparecessem bem ou melhores uns que os outros.

Com sua armação de gaze, suas flores e plumas, os penteados alcançavam alturas tão vertiginosas que as mulheres não conseguiam mais encontrar carruagens com teto suficientemente alto para acomodá-las, e com muita frequência via-se uma mulher mantendo a cabeça abaixada, ou pondo-a para fora da janela, enquanto viajava. Outras senhoras optavam por ajoelhar-se, como uma maneira ainda mais segura de proteger o ridículo edifício que as estorvava.[13]

Foram os gastos excessivos com roupas, sapatos e penteados que acabaram levando a rainha, segundo os historiadores de hoje, injustamente para a forca.

As regras de etiqueta, bem como as de cerimonial e protocolo usadas na França até hoje, são praticamente as mesmas, com adaptações e simplificações, é claro, das praticadas em Versailles nos séculos XVII e XVIII.

Mesmo vivendo na contemporaneidade, mais de 300 anos depois de Luís XIV, ainda é possível reconhecer em nossos hábitos e costumes a influência do Rei Sol.

Embora, para os franceses, as regras de etiqueta sejam as mesmas praticadas na maioria dos países ocidentais e no nosso, vale aproveitar a oportunidade para lembrar algumas delas, que nasceram naquele país e são adotadas na maioria dos países ocidentais.

Quando for convidado para a casa de alguém

- Nas reuniões sociais, os homens devem se levantar para cumprimentar as mulheres e outros homens, e pessoas mais velhas. Crianças devem levantar-se para cumprimentar a todos os adultos.
- Vista-se de acordo com o que foi solicitado no convite ou que seja apropriado para a ocasião. Roupas esportivas, esporte, passeio, *black-tie* ou gala têm hora certa para serem usadas.
- Quando convidado para a casa de alguém, leve flores, vinho ou bombons para a anfitriã ou anfitriões.

Sentado à mesa

- Ao sentar-se à mesa, coloque o guardanapo sobre o colo e limpe a boca cada vez que der um gole na bebida ou depois de ter dado uma garfada de comida.
- Os franceses dão grande importância para as bebidas que são servidas durante uma refeição e os ingredientes com que são preparados

os pratos que serão servidos. Elogiar é sempre educado e para lá de simpático.

- Aceite e coma o que foi servido como prato e, se possível, elogie. Caso não goste, recuse com delicadeza.
- Beba com moderação. Sair bêbado de um almoço ou jantar em qualquer circunstância não é elegante. Caso não possa beber nada alcoólico ou não goste, recuse com educação.
- Procure comer com a boca fechada e sem fazer barulho.
- Converse com quem estiver sentado ao seu lado direito, esquerdo e as três pessoas que estiverem logo à sua frente. As que não estiverem no seu raio de conversa é melhor deixar para conversar com elas depois.
- Ao se levantar, empurre a cadeira para debaixo da mesa e deixe o guardanapo sem dobrar sobre a mesa e ao lado do prato.
- Caso derrube alguma coisa sobre a mesa durante a refeição, copo de vinho, café ou qualquer outra coisa, peça desculpas e veja o que o anfitrião vai fazer, ajude se precisar e é só. Ficar pedindo desculpas várias vezes ou ficar com vergonha é bobagem e não ajuda em nada.
- Nos dias de hoje, em que poucos dispõem de ajuda, oferecer-se para tirar a mesa é simpático. Caso a pessoa recuse, não insista.

17. Chineses

O relacionamento entre os chineses e os países ocidentais não é novo. No século XIII, o venesiano Marco Pólo* foi o representante internacional do imperador chinês para o comércio e um importante emissário dos hábitos e costumes do oriente em terras do ocidente.

Mesmo que a China e os países do ocidente nunca tenham tido grandes problemas para fazer negócios entre si, a língua sempre impôs sérias dificuldades para os relacionamentos.

A língua, mesmo na escrita, apresenta desafios para os próprios chineses. Embora seja a mesma para todo o continente chinês, cada região tem a sua própria maneira de ler e de se expressar. Fato que, em certas circunstâncias, dificulta a comunicação mesmo entre os seus conterrâneos.

Ainda que a dificuldade da língua seja superada por meio de um intérprete, resta o abismo cultural, de hábitos e costumes, de valores, de convicções e de identidade cultural, fruto de 5 mil anos de civilização e que fazem dos chineses um povo tão especial e para lá de interessante.

Não resta dúvidas do quanto pode ser precária a ideia de catalogar em poucas páginas como se relacionar bem com tantas diferenças de percepção que existem em relação a esse povo. Mesmo assim, diante das novas, interessantes e abrangentes possibilidades de interação, a ousadia vale a pena.

Não é segredo que, nos dias de hoje, esse povo incrível vem se destacando não só pela força de trabalho, mas também pela fantástica competência para, a despeito de tantas diferenças, estender sua presença como turistas, executivos ou empresários em vários países do ocidente, ajudando a reafirmar aspectos importantes a tudo o que se refere à ideia de globalização.

O modo de vida dos chineses é fortemente ligado às questões da vida familiar e em comunidade. O importante, para eles, é procurar manter a harmonia entre essas duas esferas de atuação do indivíduo.

Mesmo sabendo que a vida na China vem mudando dia a dia, é pouco provável que todos os seus hábitos e costumes, cheios de tradições milenares, tenham mudado radicalmente e que eles estejam completamente ocidentalizados.

---

* Marco Pólo foi um importante explorador (viajante em busca de descobertas) da Idade Média. Nasceu na cidade italiana de Veneza, no ano de 1254.

É fato que, nas cidades centro de negócios e localizadas em algumas regiões do continente, tais como Pequim, Xangai, Hong Kong, entre outras, os chineses não são mais como antes. Os preconceitos contra os estrangeiros estão dando lugar gradativamente ao interesse e à motivação para mudanças sociais e de visões, necessários para a vida na globalização.

Mesmo assim, boa parte daquele imenso território continua hermético para os estrangeiros e uma verdadeira aventura para os que estão dispostos a descobrir os encantos daquela cultura ou receber aqui no Brasil os seus visitantes.

Hoje, as trocas comerciais entre brasileiros e chineses não se limitam a pequenos itens de pouco valor. Como no mundo todo, os chineses fazem parte ativa do comércio em nosso país e marcam essas relações pelo determinismo e pela competência para os negócios.

Pensando nisso, todo esforço para evitar que as diferenças de visões dificultem as interações entre brasileiros e chineses é válido. Lembrando que a ousadia, o calor humano e o pouco apego às tradições dos brasileiros, pode, se não cuidarmos de minimizar as diferenças, dificultar a convivência com esse povo.

Para evitar incompreensões, elencamos atitudes ou comportamentos com potencial não só de comprometer uma eventual amizade, mas também um bom negócio.

Nunca faça alguém "perder a face"

Confúcio*, um dos principais filósofos do Oriente, marcou toda a nação com seus pensamentos. Entre eles, a ideia de "não perder a face".

Mianzi, como é chamada a "face", pode ser entendido como reputação, honra, respeito ou imagem pública de uma pessoa. Para um chinês, qualquer atitude, tal como um insulto proferido publicamente ou ser repreendido em público por ter falhado, provoca o que é chamado de "perda da face".

Em função disso, os chineses não medem esforços para preservar a "honra", nem que para isso tenham de mentir. Da mesma forma, ter de dizer "não" de ime-

---

* Confúncio foi um pensador chinês que viveu no século VI e marcou profundamente a ética e o pensamento daquele povo. Famoso por seus intelectos, um conjunto de mensagens de cunho moral e filosófica. O grande mestre chinês conseguiu marcar com seus pensamentos o comportamento, a moral e os valores dos chineses até os dias atuais.

diato não é uma prática chinesa, mesmo quando essa é a resposta. Ao evitar dizer "não" diretamente, eles consideram que estão preservando a "face" do outro.

Existem algumas boas razões para não deixar um chinês em qualquer tipo de situação em que possa sentir-se em risco, uma delas é que, ao fazê-lo, deve-se esperar algum tipo de retaliação. Provavelmente, algum tipo de vingança em que o outro que o humilhou também "perca a face".

Para preservar a "face" valem todas as manifestações públicas de respeito e elogios. Por exemplo, um elogio à pessoa por fazer o que os outros não conseguem, ou por ser excepcionalmente bom ou sábio.

O importante para preservar a "face" de alguém é elogiar a pessoa publicamente ou por meio de terceiros. O elogio, em particular, para um chinês, não significa nada. O lado bom disso é que o reconhecimento como pessoa se dá justamente em contribuir para o prestígio dos outros.

Nesse sentido, para evitar constrangimentos, as perguntas para qualquer pessoa devem ser formuladas cuidadosamente e, caso a resposta seja "é inconveniente", se dita duas vezes, é bom saber que é hora de parar de insistir.

Os cuidados para "não perder a face" valem também para perguntas difíceis ou sem respostas. Não saber o que responder é considerado uma grande vergonha. Por isso, ao perguntar a um taxista se ele sabe onde é um endereço, para não "perder a face", caso ele não tenha ideia de onde fica, provavelmente vai acenar positivamente com a cabeça e levá-lo para onde der na telha.

Em contrapartida, para um chinês, ter de pedir desculpas por ter se enganado não significa que está admitindo o erro. Portanto, isso não coloca a "face" em perigo. Ao contrário, admitir o erro é considerado uma virtude. O gesto tem como finalidade amenizar qualquer situação desagradável. Para os chineses, a humildade, a sinceridade e a cortesia são valores, ainda em tempos de globalização, muito apreciados.

Não critique alguém, a família, a empresa ou o país

Criticar não faz parte do que é esperado na convivência com qualquer chinês e, no caso de não concordar com o que está sendo dito, o melhor é mudar de assunto.

Contradizer ou criticar alguém em público ou falar mal da China é um meio rápido para ficar muito malvisto. Como os chineses têm forte apreço à vida em comunidade, quando uma pessoa do grupo é repreendida ou cai em desgraça, todo o grupo sente-se na mesma situação.

Não tenha pressa ou mostre impaciência

Diferentemente de boa parte dos ocidentais, principalmente dos norte-americanos, para os quais "tempo é dinheiro", os chineses percebem o tempo como tempo e dinheiro como dinheiro. Para eles, as duas coisas não se misturam.

A paciência é considerada uma virtude a ser cultivada, parceira dos que têm um caráter forte, e vista como um valor importante para qualquer negócio.

Para os chineses, não existe a possibilidade de, numa conversa, alguém ir direto ao assunto sem passar antes por muitos acenos de mãos e cabeça, rodeios, formalidades e evasivas.

São verdadeiros mestres do silêncio, não sendo difícil durante um jantar de negócios, mesmo numa mesa com várias pessoas convidadas, longos períodos de mudez e de grandes pausas enquanto ponderam sobre o assunto que está sendo tratado.

Os chineses são detalhistas e jamais assinam um contrato sem que tenham tido tempo para rever todos os pormenores. Considerados negociadores astutos e perseverantes, são capazes de prolongar uma negociação ao máximo, e o ritmo de todo o processo é sempre comandado por eles, fato que pode levar empresários e executivos ocidentais quase à loucura.

Assinar um contrato não significa que o negócio está fechado. A negociação de fato costuma acontecer depois. A assinatura é considerada apenas como o início do relacionamento e é chamada de *guanxi*.*

No relacionamento com chineses, há algo como uma conta corrente, que deve estar sempre equilibrada. Se recebem um presente ou um convite, devem retribuir fazendo o mesmo. E, se pedirem um favor, contrai-se uma obrigação que deverá ser paga posteriormente.

---

* *Guanxi* é a palavra que designa a complexa rede de relações indispensáveis ao funcionamento social, político e organizacional na China.

Nos negócios, a partir do momento em que firmam o acordo, os envolvidos passam a ter o direito de pedir e esperar receber favores um do outro. Da mesma forma, toda vez que mudam os interlocutores do negócio, o processo recomeça, voltando-se à estaca zero.

É importante nunca tentar queimar etapas e apresentar-se, por exemplo, diretamente a um chinês. É preferível ser apresentado por um conhecido em comum. Para eles, o conhecimento pessoal, a ética e a confiança são fundamentais.

Não se deve esperar que os chineses tomem decisões enquanto estão presentes na negociação as duas partes. A decisão é tomada apenas entre eles.

De modo geral, é preciso ter claro que faz parte da cultura chinesa ser vago, sutil e ambíguo; diferentemente do que se espera dos ocidentais numa negociação, com estilo mais direto, claro e preciso. Conclusão: cuidado para não queimar o filme.

Não cometa gafes

No livro *O Mandarim*,[14] escrito por Eça de Queiroz, o personagem Teodoro faz uma descrição detalhada a respeito dos hábitos e costumes dos chineses e, em dado momento do livro, descreve:

> Amor aos cerimoniais meticulosos, o respeito burocrático das fórmulas, uma ponta de ceticismo letrado e também um abjeto terror do imperador, o ódio ao estrangeiro, o culto dos antepassados, o fanatismo da tradição, o gosto das coisas açucaradas.

Na China, ao contrário de no mundo ocidental, os rituais, a etiqueta e o protocolo continuam a ser fundamentais e estão longe de ser considerados coisas do passado. Para preservar os relacionamentos, vale, por exemplo, nunca acusar uma pessoa ou dizer que foi roubado.

Faz parte dos usos e costumes, neste caso, dizer que já procurou e não conseguiu encontrar o objeto que era de alguém especial da família; assim, as chances de localização do que foi perdido aumentam muito.

Orgulhosos de ser a civilização mais antiga do mundo e de terem sido os responsáveis pelas invenções que mudaram a humanidade – pólvora, bússola, papel, carrinho de mão, sismógrafo, álcool e outras –, detestam qualquer tipo de comparação com os japoneses que, segundo os chineses, se limitaram a introduzir alterações, mas não conseguiram inventar nada.

Em relação aos rituais, convém informar-se antes do que deve ou não deve ser feito para ter em troca a boa vontade dos seus interlocutores, mesmo no Brasil. Nos negócios, o protocolo é rígido e segue algumas etapas importantes que não devem ser puladas:

- ao entrar na sala de negociação, a delegação do país visitante, tanto no caso em que a reunião acontece na China como no Brasil, deve ser precedida pela pessoa mais importante da equipe;
- a hierarquia e o protocolo são fundamentais nos relacionamentos comerciais e tratam-se com deferência os líderes e as pessoas mais velhas. Assim, mesmo numa reunião de negócios, os cumprimentos de ambas as delegações devem iniciar pelo líder ou pela pessoa mais velha, chegando aos mais novos; de cima para baixo. O lugar mais importante da mesa é a cabeceira, virada para a porta;
- o tempo não é contabilizado nas negociações que, de modo geral, são longas e precedidas de muito chá, sorrisos e simpatia;
- é prudente esperar que o anfitrião questione sobre o que vai ser falado antes de entrar no assunto;
- na China, a opinião feminina, é levada muito a sério e é comum encontrar mulheres ocupando cargos de decisão e sendo tratadas de acordo com a sua posição hierárquica;
- qualquer grupo de executivos estrangeiros deve se preocupar com a hierarquia de seus membros antes da reunião, para não ficar em desvantagem e para facilitar que as pessoas se acomodem quando forem sentar-se à mesa. Caso todos do grupo tenham o mesmo nível hierárquico, o critério de precedência será o de idade;
- todos os componentes do grupo estrangeiro devem ter o mesmo nível hierárquico do grupo anfitrião, no caso, os chineses. E é importante eleger um porta-voz, que não deverá ser o único a falar pelo grupo.

Procure não exagerar nos elogios

Para os chineses tradicionais, a virtude está na humildade e na modéstia, apreciadas, inclusive, nos negócios. Hábito diferente de boa parte dos ocidentais, e alguns, além de precisarem de elogios, quando sem eles, autoelogiam-se. Seja como for, quando fizer um elogio, mantenha-se alerta aos seguintes detalhes:

- via de regra, se um chinês receber um elogio, certamente vai dizer que não o merece. Mas, caso venha a recebê-lo, vai aceitar com humildade, respondendo que não é merecedor daquele reconhecimento;
- elogios ao corpo ou a alguma parte dele são uma observação muito malvista e ofensiva;
- nos negócios, ao falar ou entregar uma proposta, é costume, por parte dos mais tradicionais, pedir desculpa pela sua simplicidade e que não é digna da pessoa que a vai receber. Não titubeie, faz parte da cultura chinesa pedir desculpas pela simplicidade da oferta, mesmo que ela seja muito boa.

Para os chineses, mais importante do que aquilo que é dito, é a forma como se diz, e o que não é dito, mas entendido por meio da linguagem corporal. Lembre-se de que eles são muito observadores e cheios de protocolos nos seus relacionamentos. Portanto, para não errar, é preciso ficar de olho nos seguintes comportamentos:

- no mundo empresarial das grandes cidades chinesas, tais como Pequim, Xangai, Hong Kong e Taiwan, os hábitos, como dissemos, são mais globalizados e ocidentalizados. Porém, nas cidades do Sul da China, as tradições continuam sendo respeitadas. Assim, dependendo da cidade em que será realizada a reunião de negócios, convém que só o líder da delegação estrangeira olhe nos olhos do líder da delegação chinesa. Para eles, a hierarquia existe, inclusive, no olhar;
- manter-se atento à linguagem corporal dos seus interlocutores chineses é questão de prudência. Saiba que, se ele abanar a cabeça enquanto estiver ouvindo, não necessariamente está concordando;
- os chineses cultivam o silêncio e o que é chamado de "a arte de mascar sementes de girassol", que nada mais é do que ter tempo para ponderar, meditar e compreender o que está sendo dito e o que está escrito, antes de tomar qualquer decisão. Ter cuidado com o que se diz não é suficiente para os chineses, é preciso também prestar atenção ao que se faz;

- tocar no braço do interlocutor é um sinal de falta de educação para eles;
- dependendo da região da China de onde é o interlocutor, deve-se evitar, enquanto fala, olhar fixamente para os olhos da pessoa. A não ser que o propósito seja deixá-la constrangida ou de hostilidade declarada. Em geral, quando isso acontece, o sorriso é sinal de constrangimento;
- procure não demonstrar irritação ou levantar a voz. Confrontos devem ser evitados a qualquer custo; nos relacionamentos interpessoais, os chineses buscam, dentro do possível, buscar o consenso e a harmonia;
- caso seja necessário transmitir uma má notícia, faça-o por um intermediário. Lembre-se de que a harmonia deve ser preservada em todas as circunstâncias.

Procure não invadir a bolha de privacidade

Quando o assunto são os hábitos e costumes, já sabemos que cada país tem os seus. Para os chineses, o hábito de cultivar a distância física como regra é uma praxe que precisa ser respeitada. Para eles, a "bolha de privacidade"* deve ser mantida.

Para saber mais sobre como causar uma boa impressão, listamos algumas atitudes que evitam que se pareça invasivo ou descuidado no que diz respeito à proximidade física para os chineses:

- os apertos de mão são trocados com estrangeiros apenas no momento das apresentações e devem ser enérgicos. Dar a mão sem apertar é sinal de fraqueza. Dependendo da região, os apertos de mão devem ser acompanhados de um aceno de cabeça;

---

* Bolha de privacidade – é a distância que as pessoas gostam de manter com relação às outras ou, melhor dizendo, que gostamos que as pessoas mantenham quando estão se relacionando conosco. Essa distância é diferente de país para país, e o desrespeito a essas normas pode causar grande desconforto num relacionamento de qualquer natureza socioprofissional.

- demonstrações públicas de afeto entre pessoas de sexo diferente ainda continuam raras. Mas não estranhe, pelo menos nas grandes cidades da China, se vir homens andando de mãos dadas;
- evite dar abraços, tapinhas nas costas ou grandes demonstrações de afeto ou alegria. Os chineses são mais contidos nos seus relacionamentos.

Apresentações e cartões de visitas

Embora o dialeto mandarim seja a base da língua oficial, o chinês, outros dialetos, como o cantonês, são muito falados naquele país. Mesmo sabendo algumas palavras dessa língua hermética para os ocidentais, é preciso ter cautela quando for arranhar o chinês em algum cumprimento. Da mesma forma, o trato nas apresentações, o uso dos títulos e os detalhes que cercam as trocas de cartões merecem atenção:

- um simples "bom-dia" dito em chinês, dependendo a quem é dirigido, pode causar constrangimento. Use um tradutor qualificado, pois cada palavra chinesa pode ter muitos significados, dependendo do tom em que é dita;
- os títulos de diretor, engenheiro, presidente, entre outros, seguidos do sobrenome, são muito bem-vistos. De modo geral, os chineses tratam-se pelo sobrenome e não pelo nome próprio ou apelido. Na intimidade, a conversa é outra;
- a idade é muito respeitada pelos chineses, o que faz dos mais velhos os mais importantes em qualquer condição. Nas apresentações, a pessoa mais nova será sempre apresentada à mais velha, seja ela homem ou mulher;
- numa autoapresentação, a iniciativa deve partir do mais importante e deve-se usar, além do nome, o cargo e/ou o título acadêmico;
- os cartões de visitas são considerados instrumentos de trabalho indispensáveis para as apresentações, devem estar impressos nas duas línguas e estar disponíveis para uso em grande quantidade. Lembre-se de que as delegações são sempre numerosas. Nada de economizar informações nos cartões. Não abrevie nada e inclua o cargo ou a posição

dentro da empresa. Logotipos em cor dourada são muito apreciados porque, para os chineses, essa cor é sinal de prestígio;

- a troca de cartões é cheia de mesuras, quase uma arte. Entrega-se segurando com as duas mãos e a escrita voltada para quem vai receber, e recebe-se também com as duas mãos. Ao entregar o cartão, dê preferência ao lado escrito em mandarim ou cantonês;
- ao receber o cartão de visitas de um chinês, olhe-o atentamente: o cartão é, para os chineses, a própria pessoa. Coloque-o sobre a mesa, nunca no bolso.

A etiqueta à mesa é fundamental

Cinco mil anos de civilização fazem dos chineses um povo especial também quando o assunto diz respeito às refeições. Para eles, a mesa tem função importante nos relacionamentos profissionais, é onde tudo começa.

Não é improvável que um negócio comece e morra durante uma refeição compartilhada entre delegações. Nela, todos os gestos, atitudes e comportamentos são regrados pelo protocolo, que precisa ser conhecido para evitar enganos e confusões:

- a China é um país monocrônico, então, a pontualidade é o que dita qualquer compromisso. Desmarcar um compromisso assumido em cima da hora é uma ofensa gravíssima;
- para que um convite seja aceito, deve ser repetido três vezes;
- os chineses têm por hábito convidar as pessoas para refeições em restaurantes, e os viajantes devem retribuir convidando para o restaurante do hotel em que estão hospedados;
- o lugar do anfitrião chinês durante um jantar é perto da porta, para poder dar as ordens aos empregados. Neste caso, a presidência é do convidado de honra, que deverá ocupar a cabeceira da mesa, virado de frente para a porta;
- quando na porta do restaurante, o convidado não deve passar à frente do anfitrião se receber o sinal para fazê-lo. É de bom-tom recusar três vezes, agradecendo;

- lembre-se de que as diferenças culturais são grandes e o que é considerado demonstração de boas maneiras no Brasil pode ser ofensivo para os chineses, principalmente os mais tradicionalistas. No que diz respeito ao comportamento à mesa, alguns gestos, ruídos e atitudes que os ocidentais teriam dificuldade para aceitar fazem parte dos hábitos e costumes na China tradicional;
- embora seja uma ofensa grave não acompanhar o grupo nas bebidas alcoólicas, nas cidades mais cosmopolitas, como Pequim, Xangai, Hong Kong e no Taiwan, o deslize, em se tratando de estrangeiros, pode ser passável. Chineses nunca bebem sozinhos; quando necessário, nos restaurantes, oferecem bebida para que uma pessoa o acompanhe;
- *gan-bei-ing* é a maneira como os chineses fazem o brinde entre amigos. Significa "tomar tudo", esvaziar o copo. É costume que cada pessoa sentada à mesa faça seu brinde, que deverá ser correspondido por todos os que estão participando da refeição;
- quando os brindes são feitos com as bebidas servidas em copos pequenos, deve-se beber tudo e depois mostrar o fundo do copo para a pessoa que fez o brinde. Quando o copo é do tipo americano, é permitido que a pessoa beba apenas uma parte. Como as delegações são sempre compostas de, no mínimo, seis pessoas, o segredo para não acabar totalmente bêbado é só molhar os lábios no brinde;
- nas regiões mais tradicionais, antes mesmo dos cumprimentos, é oferecido um cigarro; não aceitar fumar significa ser completamente excluído do grupo. O mesmo para o *gan-bei*;
- os chineses não costumam usar talheres para comer; manda, então, a etiqueta para os estrangeiros tentar comer com pauzinhos, mesmo que haja garfos na mesa. Em hipótese alguma espete os palitos no arroz, é uma tremenda gafe;
- as toalhas umedecidas oferecidas no início da refeição são para limpar as mãos e o rosto.

Troca de presentes

- Para aceitar um presente, é preciso poder retribuir, caso contrário, a pessoa pode "perder a face". No caso de haver a troca de presentes, o anfitrião começa dando um presente para o convidado, agradecendo por ele ter aceitado o convite. Os chineses não desembrulham um presente em público, deixam para agradecer depois, num telefonema. Os presentes devem ser retribuídos, e o maior deles deve ser para o chefe ou para o anfitrião.

- Tudo o que for dado deve estar embrulhado em papel dourado, a cor da prosperidade, ou vermelho encarnado, a cor da alegria. Presentes embrulhados em azul-cobalto ou branco são de mau gosto, porque são as cores associadas ao luto e aos cemitérios.

- Dinheiro é sempre um ótimo presente, principalmente se estiver num envelope vermelho encarnado. Para os chineses, o melhor presente é aquele que a pessoa que ganhou o dinheiro vai comprar.

- Dar flores em número par e decorar algum ambiente com crisântemos é nota zero em etiqueta. O ideograma que representa a palavra quatro (*shi*) é o mesmo usado para representar a palavra morte.

- Para os chineses, o número oito sugere prosperidade e evoca o infinito. Perfeito em todos os sentidos. O mesmo para os números múltiplos de cinco.

- Relógios de parede ou de mesa não devem ser dados para os chineses mais tradicionais, porque, para eles, "oferecer um relógio" significa "assistir um parente moribundo".

18. Ingleses

Disciplinados, resmungões, fanáticos por futebol e críquete, amantes do chá das 5h, dos protocolos e dos cerimoniais, os ingleses são um povo especial.

Repletos de tradições e conhecidos por escândalos ligados à monarquia, os ingleses marcam presença pela cultura, ousadia em tudo o que fazem e pela disposição para debater ideias até em praça pública.

Um povo que mistura o gosto explícito pela tradição com o que mais existe de vanguarda no mundo. A disposição para o excêntrico e o exótico marcam o dia a dia dos britânicos e, ao mesmo tempo, a paixão pela disciplina e o respeito ao próximo. Na terra de Shakespeare, é impossível não fazer referências ao humor sofisticado e sutil desse povo e o amor às artes.

Falar em etiqueta associada aos ingleses é redundância. Habituados aos costumes da nobreza, podem aos desavisados parecer um povo arrogante, mas a disposição para a cortesia faz parte da alma dos britânicos em qualquer circunstância, desde que mantenham preservada a sua privacidade, o respeito e sua individualidade.

São um povo supersticioso que acredita, como os brasileiros, que bater na madeira, procurar trevo de quatro folhas, guardar o dinheiro nos bolsos de uma roupa nova e cortar o cabelo na lua crescente ajudam a ter boa sorte.

Amantes de cerveja escura, os ingleses são frequentadores assíduos dos 60 mil famosos *pubs** espalhados pela Inglaterra, que, mais do que barzinhos, são parte da sua cultura e da sua vida social, considerados como locais específicos para se reunir com os amigos e beber cerveja desde os tempos dos romanos.

Os ingleses estão acostumados com as diferenças culturais desde o início da sua longa história, mesmo assim, conhecer alguns aspectos da convivência com esse povo pode ajudar nos relacionamentos que se venha a ter com eles.

---

* *Pub* é o nome popular como são conhecidas as *public houses*, na Inglaterra: estabelecimentos com licença para a venda de bebidas alcoólicas tipicamente inglesas. São cerca de 60 mil ao redor do Reino Unido e oito em cada dez adultos se consideram frequentadores assíduos.

Apresentações e cumprimentos

- Os ingleses são conhecidos pelo respeito ao protocolo e à hierarquia, assim, não é de estranhar que nos cumprimentos façam questão de um certo cerimonial nas apresentações. Fugir à regra não é uma boa ideia. Lá, as pessoas são apresentadas e chamadas por "senhor" e "senhora" e costumam dar importância a todas as questões em que fique demonstrado o respeito.

- Para não ser rude ou desrespeitoso, é de bom-tom cumprimentar as pessoas sempre com "bom-dia", "boa-tarde" ou equivalente, e dizer "olá", quando chega, e "até logo", quando vai embora; esse protocolo faz parte do convívio entre os britânicos, mesmo entre estranhos.

- Os agradecimentos são esperados em qualquer situação em que alguém faça algum gesto de gentileza, tal como segurar a porta ou dar passagem.

- Ao pedir alguma coisa, é essencial falar "por favor" e, sempre que precisar pedir alguma coisa, deve-se agradecer quando receber o que pediu ou a gentileza que recebeu.

- Em qualquer circunstância, o sorriso é bem-vindo. Os ingleses, mesmo reclamando do tempo, sorriem no final da frase.

- Os apertos de mão têm grande importância no dia a dia e devem ser dados tanto entre homens como entre mulheres; os beijos só ocorrem entre pessoas muito próximas.

Etiqueta

- Respeitar a fila na Inglaterra é uma condição para ser bem-aceito nessa sociedade e não fazê-lo é provocar a ira entre os envolvidos.

- Enviar e receber cartões é um hábito que faz parte da cultura inglesa e acontece nas mais diversas ocasiões: convites para jantar, agradecimentos, lembretes etc.

- Nas portas dos estabelecimentos comerciais, os ingleses estão habituados a cumprir um ritual. Quando alguém está entrando e outra pessoa vem logo atrás, muito provavelmente a pessoa da frente segurará a porta até a outra entrar ou chegar mais perto. Nessa situação, o correto é agradecer, o que será respondido pela outra pessoa. Alguns ingleses são tão cordiais que ficam segurando a porta até várias pessoas passarem, só porque não querem ser mal-educados a ponto de fechar a porta para alguém. Se isso acontecer com você, passe e agradeça.

- A pontualidade é britânica, ou seja, a hora marcada é respeitada à risca. Um presidente brasileiro foi criticado em sua visita a Londres por ter se atrasado um minuto e meio para um encontro com a rainha. A gafe foi registrada na ocasião pelo mestre de cerimônias, que observou que a rainha teve de esperar um "pouco mais" pelo chefe de estado. Os ingleses são monocrônicos, portanto, os prazos para entregas, compromissos, mesmo os de menor importância, têm horários para começar e muitas vezes para terminar; para a boa convivência com esse povo é de bom-tom respeitá-los. Na realidade, tanto faz em que país se esteja.
- Todo povo monocrônico tem baixa tolerância para promessas não cumpridas. Os ingleses não fogem à regra. Prometeu, faça das tripas coração, mas cumpra.

Comidas e bebidas

- Faz parte das tradições e costumes dos ingleses a paixão por seus pratos típicos: peixe com batatas, rosbife, sanduíches de pepinos e bolos e docinhos para acompanhar o famoso chá, que pode ser tomado com leite.
- Quando se fala de bebidas, o chá tem preferência nacional, seguido de cerveja amarga, uísque e vinho.
- O café da manhã dos britânicos é famoso por parecer um almoço, perto do dos brasileiros. A variedade de opções vai do tradicional café com leite ou chá com pãezinhos às salsichas, tomates assados, batatas ao forno e outras delícias bastante estranhas de serem servidas neste lado dos trópicos.

19. Etiqueta social e profissional no dia a dia dos brasileiros

Etiqueta é o conjunto de hábitos, costumes, crenças, mitos e tabus característicos de agrupamentos humanos transformados em regras e que faz que o convívio com as diferenças entre as pessoas seja atenuado.

Enganam-se os que acreditam que as regras de etiqueta são fixas e utilizadas apenas em situações especiais ou *snobs*, ou que não se adaptam às exigências do mundo contemporâneo.

Mais do que nunca, as exigências para a boa convivência na vida social e nos negócios são cada vez maiores, principalmente para as pessoas expostas no seu cotidiano com estrangeiros.

Como já vimos ao longo do livro, os que têm a oportunidade de entrar em contato com pessoas de outros países devem manter-se alerta sobre a cultura, os hábitos e costumes que diferem entre um país e outro, para não dificultar o relacionamento.

O Brasil, nos próximos anos, será palco de vários eventos internacionais que com certeza vão servir como motivação para que viajantes de todas as nacionalidades visitem o país. Este fato, por si só, obriga-nos a passar em revista os nossos hábitos de comportamento, a fim de adequá-los à boa percepção dos futuros turistas que nos visitarem.

Coisas bobas como respeitar lugares marcados, ser discreto nas demonstrações de afeto para com desconhecidos ou falar baixo em restaurantes são pequenos detalhes que, se adotados por todos, podem resultar numa melhor convivência social e numa boa percepção a nosso respeito.

Está claro, pelo que sabemos sobre alguns países e suas diferenças culturais, que cada povo tem a sua visão sobre o que é certo ou errado a respeito do que são boas maneiras.

Mesmo assim, é possível sair-se bem em diferentes situações quando se colocam em prática as regras de etiqueta que são de senso comum* e quando nos mantemos alertas para as regras que são próprias de um ou de outro grupo social.

---

* O senso comum é uma herança cultural que tem a função de orientar a sobrevivência humana nos mais variados aspectos. Significa que todos os envolvidos numa determinada situação entendem, esperam e têm o mesmo comportamento.

Uma regra de etiqueta de senso comum e global é o hábito, por exemplo, de as pessoas não cuspirem no chão, costume usual de boa parte dos chineses.

O hábito de cuspir no chão é tão fora do comum para outros países que, antes das Olimpíadas de Pequim, em 2008, com o intuito de impedir que os turistas que visitassem o país ficassem chocados com o velho hábito do povo, o governo fez uma campanha para ensinar algumas regras de etiqueta de senso comum para seus cidadãos. O manual incluía um parágrafo que dizia que:

> o milenar ritual de escarrar a toda hora, em qualquer lugar, bastando existir o mais remoto sinal de substância expectorante (se algo dentro de você não lhe faz bem, é preciso pôr para fora, prega a medicina chinesa). Contra as cusparadas, uma das "quatro pragas" comportamentais a ser erradicadas, sendo as outras fumar, furar fila e falar palavrão, todo dia é dia de campanha, apoiada na distribuição de saquinhos higiênicos por voluntários. "Não é para parar de cuspir. Podem cuspir no saquinho e jogar no lixo".*

Pensando no quanto o governo chinês se preocupou em evitar que as diferenças culturais pesassem sobre a imagem de boa educação e hospitalidade do seu povo, fica claro que, para se relacionar com as diferenças de visões e de comportamentos, é preciso se preparar com antecedência e fazer uso das regras que são universais.

Como foi possível perceber ao longo deste livro, os hábitos e costumes dos brasileiros são diferentes, em muitos aspectos, dos hábitos e costumes dos chineses, por exemplo, que, por sua vez, são diferentes dos hábitos e costumes dos árabes, e assim por diante.

Os brasileiros também são diferentes de algumas culturas tradicionais, por exemplo, no que diz respeito ao hábito de arrotar no final das refeições. Para alguns povos, quando um convidado arrota, é sinal de que foi bem servido e de que a comida estava do seu agrado. Para nós, o mesmo comportamento seria considerado uma grande gafe.

Somos diferentes dos norte-americanos e ingleses no que é relacionado ao respeito para com os lugares marcados. Para esses povos, filas e lugares marcados são respeitados sem a necessidade de nenhum tipo de coação.

---

* Sou louco por ti, Pequim. Os chineses treinam para se comportar bem nos jogos. Crédito: JULIANA VALE/Abril Comunicações S/A. Disponível em: <http://veja.abril.com.br/020708/p_106.shtml>. Acesso em: 11 dez. 2013.

Uma cena como a ocorrida no jogo de inauguração do Estádio de Futebol Mineirão, em Belo Horizonte, em abril de 2013, seria impensável para norte-americanos, por exemplo.

O fato aconteceu no início da partida. Os ingressos para o jogo inaugural tinham lugares marcados. Porém, conforme os torcedores foram chegando para ocupar seus lugares, perceberam que estes já estavam tomados por outras pessoas. O episódio causou confusão e desentendimento, pedindo, em alguns casos, até a interferência da polícia.

A etiqueta é, como o protocolo, composta por regras de comportamento que ajudam as pessoas a agirem em sociedade, serem bem-vistas e também a saberem como agir em várias situações do cotidiano, bem como em eventos de qualquer natureza e em qualquer local ou agrupamento humano.

Algumas regras de etiqueta são de entendimento comum na maioria dos lugares do mundo, como dito anteriormente. Entre elas, está também o hábito de usar um lenço para assoar ou limpar o nariz em vez de usar o dedo.

Um caso claro sobre o quanto algumas regras de etiqueta são universais e de senso comum foi a grande gafe protagonizada por uma personalidade da política italiana, quando, num café em Roma, acompanhado de outras pessoas, entre um gole e outro da bebida, enfiou o dedo no nariz.

Pensando nas regras de etiqueta que são comuns na maioria dos países ocidentais, destacamos, a seguir, algumas que, se seguidas, podem garantir a boa imagem.

Mas é bom lembrar que, nos países do oriente, em função de características próprias das suas culturas, as regras de etiqueta podem diferir na interpretação de uma ou de outra regra aqui exposta.

Por isso, lembramos que, ao visitar, receber ou se relacionar com pessoas de culturas diferentes da brasileira, manda o bom senso que se pesquise sobre as eventuais diferenças culturais do país em questão, a fim de evitar má interpretação ou surpresas desagradáveis.

Cumprimentando pessoas

Todo relacionamento social ou profissional tem início nos cumprimentos. É a ocasião em que as primeiras impressões sobre determinada pessoa se formam e, dependendo se ela é positiva ou negativa, o destino acerca do futuro relacionamento já está praticamente traçado.

Quantas vezes não somos levados a detestar uma pessoa que acabamos de conhecer só porque não recebemos o cumprimento da forma que imaginamos merecer. Até mesmo o cumprimento inibido de uma pessoa pode decidir se haverá facilidades numa negociação ou não.

Seja como for, existem algumas regras de etiqueta que servem justamente para ajudar a causar uma boa impressão logo nos cumprimentos e a diminuir barreiras, tornando o início das interações mais agradáveis:

- os homens sempre se levantam para cumprimentar uma mulher. Mesmo parecendo injusto para o mundo contemporâneo, em que as mulheres lutam pela igualdade de direitos, os homens levantam-se para mulheres em quaisquer circunstâncias;
- homens devem sempre se levantar para cumprimentar outro homem;
- uma mulher que estiver sentada não deve se levantar para cumprimentar outra mulher ou um homem. Porém, no mundo empresarial, as mulheres devem se levantar para cumprimentar seus superiores ou seus clientes. Nos relacionamentos sociais ou profissionais, o bom senso deve imperar em todas as circunstâncias. Quando o homem ou mulher for uma pessoa ilustre, uma senhora ou homem muito idoso, levantar-se para cumprimentar é uma demonstração de consideração e respeito;
- quando um casal comparece a um evento em que o anfitrião não conhece a parceira ou parceiro do convidado, este deve cumprimentar o anfitrião e, em seguida, apresentar quem o acompanha. Isto serve também quando os convidados levam um amigo ou amiga para fazer companhia no evento;
- para evitar confusão, quando for cumprimentar um grupo muito grande de pessoas, o recomendado é que se faça uma saudação geral para não interromper a conversa;
- ao cumprimentar uma pessoa, é bom lembrar de olhar para o rosto. Para os ocidentais, isso demonstra respeito, consideração e boa educação;
- caso esteja resfriado, com a mão suada ou suja por qualquer motivo, decline do aperto de mão avisando o motivo;
- sorrir antes e durante os cumprimentos colabora para quebrar barreiras e dá ao outro a sensação de cordialidade e de amistosidade;

- manter uma das mãos no bolso enquanto cumprimenta uma pessoa pode ser visto como sinal de indiferença, como aconteceu com Bill Gates, ao cumprimentar a líder sul-coreana Park Geun-hye, durante uma visita a Seul, em 2013. O fundador da Microsoft cumprimentou a presidente com uma das mãos no bolso. O ato foi alvo de críticas da imprensa da Coreia do Sul e ganhou destaque na capa dos principais jornais do país no dia seguinte. "Diferença cultural ou um ato de desrespeito?", foi a pergunta;
- tomar a iniciativa de cumprimentar ou apresentar-se a outra pessoa, diferentemente do hábito chinês, é a melhor chance de definir um tom positivo para o relacionamento no Brasil e para alguns povos do ocidente;
- quando uma empresa recebe um cliente, todos da sua equipe devem se levantar na hora dos cumprimentos. Os profissionais de apoio devem levantar, mas não precisam estender a mão, um aceno de cabeça é suficiente para dar o tom de cordialidade.

Precedência nas apresentações

No protocolo, sabemos que a hierarquia entre as pessoas pode ser estipulada seguindo vários critérios que podem ser adotados de acordo com um ou outro interesse que pauta as circunstâncias. Nas apresentações, a ordem de quem é apresentado e para quem também segue critérios mais ou menos rígidos e esperados.

Os mais inexperientes podem não fazer caso desses critérios, mas isso não pode ser usado como desculpa quando o que se deseja é abrir espaço para o sucesso profissional.

Nos ambientes corporativos, saber como se portar e como fazer as apresentações é sinal de polidez e de respeito que garantem, desde o primeiro contato, uma boa imagem para quem segue corretamente as regras.

Os critérios na ordem das apresentações variam da vida social para a profissional. Os que apresentamos a seguir devem ser colocados em prática em qualquer circunstância que envolva apresentações entre pessoas.

Precedência social

- Nas atividades de cunho social, ao apresentar terceiros, o critério de precedência das apresentações deve respeitar hierarquia de idade ou de sexo. Mas a idade prevalece sobre o sexo.
- O mais jovem é apresentado ao mais velho. Este critério serve para homens e mulheres. Homens são apresentados às mulheres, salvo nos casos de Chefes de Estado e altos dignitários da Igreja.
- Mulheres solteiras são apresentadas às casadas.

Precedência profissional

- O menos importante deve ser apresentado ao mais importante, seja ele mais velho ou mais moço.
- O homem deve ser apresentado à mulher desde que ele tenha um cargo inferior ao dela. Caso contrário, a mulher deve ser apresentada ao homem.
- No momento das apresentações, a pessoa deve dizer o seu nome antes de mencionar a função que exerce.

Precedência para com autoridades

- Nos eventos de cunho governamental, a ordem de apresentações segue a hierarquia dos cargos e da esfera federal, estadual ou municipal. Assim, o ocupante do cargo mais baixo deve ser apresentado à pessoa de cargo mais alto, seja ela homem ou mulher. A hierarquia prevalece sobre o sexo e a idade.
- Em determinadas circunstâncias, principalmente nas áreas governamental e profissional, deve-se acrescentar às apresentações um tom de maior formalidade, usando antes do nome das pessoas "senhor" ou "senhora".

Aperto de mão

Ao cumprimentar as pessoas, estenda a mão de forma firme e determinada. O aperto de mão tem de passar credibilidade, confiabilidade e eficiência. No aperto de mão, como nos demais cumprimentos, é necessário observar algumas regras:

- a pessoa mais importante toma a iniciativa de estender a mão;
- a pessoa mais velha estende a mão à mais jovem;
- a mulher estende a mão para o homem;
- o aperto de mão deve ser acompanhado pelo olhar direto nos olhos do interlocutor;
- o aperto de mão deve ser firme, mas não forte demais, o que pode acabar por machucar a mão da outra pessoa. Mulheres devem procurar dar a mão com mais vigor quando estiverem no ambiente profissional. Está provado em pesquisas que mulheres que dão um aperto de mão firme são vistas como mais confiantes e determinadas e causam melhor impressão do que as que não o fazem.[15]

Beijos, abraços, batidas nas costas e outras formas de cumprimentos

Nada é certo ou errado quando o assunto é cumprimentar com beijos, abraços, batidinhas nas costas ou toques na hora dos cumprimentos. Mas, dependendo dos hábitos e costumes do grupo ou indivíduo que está sendo cumprimentado, os gestos, que aos olhos dos brasileiros são demonstrações de pura simpatia, dependendo do estrangeiro, podem ser malvistos.

No Brasil, estamos acostumados às grandes demonstrações de afeto, mesmo quando não conhecemos bem as pessoas, e consideramos beijos e abraços como parte dos cumprimentos e apresentações destinadas a quaisquer pessoas.

Porém, dependendo do país, beijar, abraçar ou tocar uma pessoa pode ser um insulto. Assim, para evitar mal-entendidos, o conveniente é deixar que a pessoa que está sendo apresentada manifeste o gesto de mais ou menos intimidade.

É bom lembrar de que não somos os únicos a demonstrar entusiasmo na hora dos cumprimentos. No cotidiano, um russo dificilmente deixará de cumprimentar outro homem sem incluir na saudação de dois a quatro beijos na bochecha do cumprimentado.

No Brasil, esse excesso de calor humano dos russos tem chance de ser mal compreendido. Assim, caso aconteça de um brasileiro ser recebido por um russo com beijos, o gesto mais simpático é retribuir sem receio.

20. O papel das roupas nas apresentações e no dia a dia

As roupas têm um papel importante nas apresentações porque colaboram para compor a imagem da pessoa e influenciam a percepção de quem está se relacionando conosco.

A primeira coisa que vemos quando somos apresentados a alguém que não conhecemos é sua imagem. E é por meio dela que fazemos nossas primeiras considerações, se aquela pessoa é ou não interessante, simpática ou antipática, boa ou má e assim por diante.

Quando vemos alguém pela primeira vez, o sentido da visão é preponderante para que possamos tomar a decisão se devemos ou não gostar daquela pessoa. Dizem as pesquisas que 75% do que acreditamos sobre uma pessoa vem das informações sobre o que é visto. Isso significa que, se não agradarmos o outro pelo olhar logo à primeira vista, provavelmente nossas chances de estabelecer um bom relacionamento desde o início serão muito diminutas.

Nisso, a escolha das roupas, sapatos, adereços, cabelo, maquiagem e perfume, aliados ao comportamento tanto do homem como da mulher passam a funcionar como suporte da comunicação pessoal para que as pessoas possam ser percebidas pelos outros como esperam e gostariam.

Hoje, não se admite, por exemplo, um político que queira disputar pleitos importantes e não tenha a imagem esperada pelo seu público eleitor. Muitos dos políticos conhecidos, como o presidente Lula, a presidente Dilma, o governador Serra, entre outros, adaptaram suas imagens, mediante cirurgias plásticas, cor dos cabelos e roupas, para ajudar a convencer seus eleitores sobre suas competências como governantes.

Nos dias que correm, nenhuma pessoa que queira ser bem-vista na sua atuação profissional deve deixar de lado a preocupação sobre como é vista, no sentido literal da palavra.

Tanto isso é verdade que cada vez mais aparecem em cena profissionais especializados na construção de imagem que trabalham para ajudar as pessoas a se vestirem de acordo com seus tipos físicos, profissão e ambientes que frequentam ou desejam frequentar.

A boa notícia é que os profissionais que querem ter sua imagem coerente com a sua personalidade e profissão não precisam contratar ajuda externa, desde que estejam dispostos a entender que cada profissão, cargo e tipo de empresa exige um vestuário adequado e, para ter sucesso, é preciso respeitá-lo desde o início.

Um bom começo é entender que, para vestir-se adequadamente, é preciso ter claro para si que a roupa profissional é diferente da roupa social ou da dos momentos de lazer. No mundo corporativo, a roupa é, mesmo nas empresas mais ousadas, dependendo da área de atuação do profissional, mais séria do que a roupa de lazer.

Dizem as más-línguas que as mulheres têm mais facilidade para pecar contra o bom senso corporativo do que os homens. Isso porque as opções de vestuário delas são maiores que as deles.

As possibilidades de usar saltos altos demais, roupas muito justas ou curtas, decotadas ou transparentes no ambiente de trabalho fazem que as mulheres sejam fonte de preocupação para a imagem das empresas.

Porém, acertar na forma de se vestir para o trabalho, mostrando equilíbrio e adequação, ajuda na construção da imagem, tanto do homem como da mulher, e a mostrar competência profissional diante do leque amplo de escolhas que existem para parecer bem.

Tipos de trajes e seus momentos

Existem vários tipos de trajes que podem ser usados e cada um tem o seu momento adequado para ser usado. Tentar fugir do que está estabelecido pode custar caro para a imagem. Um bom exemplo é o que acontece na maioria dos cruzeiros que atracam nas costas brasileiras no verão.

A irreverência dos brasileiros em relação à escolha do que vestir, mesmo nas situações mais formais, tem mudado a maneira como esses passageiros são tratados nas viagens ao exterior ou mesmo nos navios que vêm no verão para a costa brasileira.

Um exemplo é o que acontece na tradicional festa do comandante dos navios. Teoricamente, o evento exige que todos os presentes compareçam vestidos em traje de passeio (homens de paletó e gravata e mulheres no estilo pretinho básico). Mas o erro na escolha das roupas tornou-se tão frequente que as agências de turismo, os jornais distribuídos a bordo e os convites deixados nas cabines orientam sobre a necessidade de um traje mais formal para tal evento.

Embora avisados previamente, segundo os responsáveis pelos cruzeiros, boa parte dos passageiros brasileiros insiste em não respeitar a solicitação e costuma comparecer à tal festa vestidos muito informalmente; alguns de bermuda, camiseta e tênis.

Embora esse detalhe possa parecer um assunto bobo, a tripulação, acostumada com o jeitinho brasileiro de fazer as coisas, é orientada para agir sempre sorrindo, mas sem dar muita atenção para os detalhes de etiqueta do serviço.

Esse exemplo serve de alerta, tanto para a vida social como para a vida profissional, do quanto vestir-se dentro do esperado colabora para a boa imagem e para o tratamento que é dispensado para a pessoa vestida adequadamente.

Assim, se vale o conselho, mesmo considerando uma chatice receber como sugestão o uso de determinado tipo de roupa, é prudente pensar no impacto que se causa quando não se respeita o que foi pedido, até mesmo numa simples festa de navio.

Para evitar deslizes ou confusão, o ideal é, quando receber a orientação por convite escrito ou verbal para comparecer a um evento usando um tipo de traje determinado, segui-lo à risca. É uma questão que soma à imagem pessoal e que deve ser levada em consideração.

Para facilitar a vida e não errar, segue uma lista dos trajes adequados para cada situação.

Trajes masculinos

- Esportivo: bermuda, tênis, *shorts*, meia branca curta, camiseta.
- Esporte: camisa de tecido com manga longa e calça social de sarja, sapatos esportes (não usar tênis).
- Esporte fino, passeio, *business casual* ou *tenue de ville*: terno e gravata para eventos noturnos; nos diurnos, a gravata pode ser deixada em casa, e mudam os tons do terno, podendo ser mais claros; os calçados têm de ser sapatos, não há exceções.
- Social ou passeio completo: terno escuro, camisa clara, gravata discreta, sapato social de amarrar; aqui, não tem o que inventar.

- *Black-tie* ou rigor: *smoking*, que deve ser preto (ou azul tão escuro que é mais escuro que o preto, à noite), camisa branca, faixa na cintura, gravata borboleta de cetim preto e sapatos de amarrar preto (para quem quiser estar muito correto, devem ser preto de verniz). O traje *black-tie* ou rigor é utilizado pelos homens nas cerimônias do Oscar.
- Gala: a casaca é o traje para cerimônias de gala. Hoje, só é usado em grandes bailes ou recepções muito solenes (em homenagem a reis e chefes de Estado ou na entrega do prêmio Nobel). Esse traje deve ser usado apenas em eventos noturnos.
- Fraque: traje de cerimônia que, embora todos os brasileiros usem em casamentos à noite, só deve ser usado durante o dia.

Trajes femininos

- Esportivo: calça ou bermudas, *leggings*, camisetas, *tops*, tênis, meias curtas brancas ou coloridas.
- Esporte: calça jeans, lã ou sarja comprida, terninhos, camisetas, blusas, saias, sandálias baixas, sapatilhas, sapatos, vestidinhos de algodão.
- Esporte fino, passeio, *business casual* ou *tenue de ville*: *tailleur*, vestidos e calças compridas de tecido mais fino, camisas de seda, sandálias de salto, sapatos de salto.
- Passeio completo: vestidos ou calças de tecidos nobres curtos ou longos, que podem ser bordados; bolsas devem ser pequenas.
- *Black-tie* ou rigor: longos; se forem curtos, devem ser bordados; sapatos sofisticados com saltos muito altos, para quem aguentar. Bolsa bem pequena. Os vestidos usados pelas atrizes na entrega do Oscar são considerados traje a rigor.
- Gala: vestidos muito elaborados e de modo geral, bordados. Nessas situações, as mulheres devem usar luvas, estolas e bolsas muito pequenas. Os sapatos devem ser de salto alto e, de preferência, forrados de tecido.
- Bolsas: para ser usada no trabalho, é recomendável que seja grande e prática. Para o jantar, deve ser pequena e, para as festas, mínima.

- Luvas: no Brasil, usam-se luvas apenas em situações muito especiais. Caso a luva seja longa, não é necessário tirá-la para os cumprimentos.

Regras especiais para as roupas femininas usadas no trabalho

- Separar as roupas usadas para trabalhar das que são usadas nos finais de semana ou para ficar em casa com os amigos. As roupas de trabalho são completamente diferentes das de lazer ou de ir para a balada. Vale a pena investir comprando roupas especiais para ajudar a construir a imagem profissional.
- Com o passar do tempo, é importante mudar a forma de se vestir. Caso contrário, pode parecer que a profissional parou no tempo ou que não gosta de mudanças. Uma profissional competente veste-se de acordo com a moda, a idade e o cargo que ocupa.
- Roupas curtas demais ou justas devem ficar longe do guarda-roupa profissional. O comprimento adequado é, no máximo, quatro dedos acima dos joelhos.
- Roupas muito decotadas não devem ser usadas para trabalhar, nada mais estranho do que, ao olhar para uma mulher, ver primeiro os seios.
- Barriga de fora somente se a profissional for manequim, professora de ginástica ou bailarina. Calças com cintura baixa são próprias para os momentos de lazer.
- Procurar trabalhar vestida com roupas que permitam aceitar um convite para um almoço inesperado com um cliente. Para isso, é importante não exagerar nem na sofisticação, nem na simplicidade.

Casual day *para homens e mulheres*

Há algum tempo, os norte-americanos resolveram que, às sextas-feiras, os funcionários poderiam deixar de lado o terno e a gravata para trabalhar usando roupa esporte.

Entendendo que a ideia era simpática, muitas empresas brasileiras copiaram a medida. Mas o resultado tem mostrado que os profissionais estão em sua maioria fazendo a maior confusão.

Para alguns, a ideia foi levada ao pé da letra, e o *casual day* ficou mais parecido com *churrasco's day* ou *piscina's day*, do que outra coisa. Como é que isso aconteceu, ninguém sabe ao certo, mas as sextas-feiras transformaram-se em desfiles de roupas próprias para serem usadas na praia, balada ou para ficar em casa. A coisa ficou tão atrapalhada que algumas empresas foram obrigadas a voltar atrás.

O traje certo para o *casual day* é menos formal do que o dos outros dias da semana, porém bem distante dos usados na praia ou no lazer. Esse dia exige para os homens calça social com camisa esporte, cinto e sapato de couro ou camurça e meia mais escura que a calça.

Para as mulheres, calça (pode ser jeans, se acompanhada de blazer), blusa, cinto e sapato ou sandália, vestido ou saias, mas nada de curtos, decotados ou transparentes.

Lembrando que, em alguns ambientes corporativos, usar tênis, chinelos, sandálias rasteirinhas, camisetas, blusas transparentes e justinhas não pega bem. O *casual day* precisa ser visto como um dia de trabalho como qualquer outro.

Recomendações para os dois sexos

Quando tiver dúvidas sobre o que significa um determinado traje, deve-se perguntar para um amigo que entenda do assunto ou mesmo consultar a internet, para não pisar na bola e acabar errando.

Procure comparecer vestido com o traje pedido nos convites. Lembre-se de que, na maioria das vezes, o anfitrião se esmerou muito para proporcionar o melhor para seus convidados e, se ele pediu, por que não? Comparecer ao evento com o traje solicitado é uma forma de agradecer e demonstrar respeito ao anfitrião.

Procure se vestir dentro do previsto para o ambiente de trabalho e, caso se decida por inovar, tome cuidado para não exagerar na produção e acabar causando estranheza ou espanto entre seus colegas de trabalho.

21. Hospitalidade corporativa

Os elementos para a hospitalidade corporativa são muitos e variados – um ambiente afável, hospedagem na medida certa, sensação de segurança, comidas e bebidas de boa qualidade e anfitriões simpáticos e agradáveis. Na hospitalidade, qualquer um dos ingredientes que faltar ou aparecer em excesso pode mudar o olhar do convidado com relação à empresa.

Muitas vezes, por receio nos gastos ou desconhecimento, as pessoas acreditam que, no ambiente de trabalho, basta colocar o hóspede no hotel e pronto, encerrou-se a boa recepção. Com isso, acabam cometendo gafes que tornam as relações profissionais desumanas e, por vezes, muito agressivas.

O mesmo pode ser dito quando se faz um convidado esperar no restaurante, deixar de checar as reservas no hotel ou avião, ou esquecer o convidado no quarto do hotel sozinho no final de semana.

No Brasil, diferentemente de outros países, temos a fama de ser um povo hospitaleiro. Mas a verdade corporativa nem sempre é esta. Costumamos ser muito gentis para com quem, no momento, nos é importante e tratamos com certo descaso a maioria dos que dependem de nós.

Ser hospitaleiro é um conceito que precisa estar impregnado também nas empresas e levado até as últimas consequências para sermos bem-vistos.

Para dar um chega para lá na falta de hospitalidade corporativa, seguem algumas dicas fáceis, que podem ajudar a alimentar uma boa imagem da empresa:

- ao saber que um estrangeiro vem para o Brasil, um *e-mail* simpático da empresa com informações sobre a cidade – população, moeda, temperatura, locais para as compras e demais serviços –, escrito na língua do visitante, é sempre hospitaleiro;
- não é necessário pegar a pessoa no aeroporto, para isso servem as empresas de carros com motoristas, especializadas nesse tipo de serviço;
- antecipando a chegada do visitante, avise à recepção do escritório para agilizar a entrada. Caso o visitante venha do exterior, é de bom-tom colocar uma bandeirinha do país na mesa da recepção. Uma gentileza barata que soma pontos para a empresa que o recebe;

- receba o convidado na porta da recepção do andar. Para os que acreditam que isso pode afetar a imagem de poder, é permitido receber na entrada do escritório;
- ofereça água sempre; empresas que não dispõem de serviço de copa devem ter à mão uma bandeja com jarra de água e copos de vidro com pés. Copinhos de plástico e bebedor podem ser baratos, higiênicos e práticos, mas são feios demais;
- se o convidado estiver hospedado em um hotel, deixe um envelope na recepção com informações sobre restaurantes próximos do local de hospedagem, farmácias, telefone de um dentista, de um médico e o endereço do hospital mais próximo. Sobre o futuro, ninguém sabe;
- não é necessário receber o visitante estrangeiro em casa, mas é de bom-tom oferecer-se para ser anfitrião da pessoa pelo menos um dia quando na primeira visita.

Bebidas e negócios

A vida profissional é repleta de coquetéis, almoços e jantares de negócios. Neles, são raras as ocasiões em que um bom vinho ou caipirinha não façam parte do cenário.

Há ocasiões em que a oferta de bebidas é tanta e de tão boa qualidade que, para um apreciador, se torna um calvário a tentativa de prudência ou abstinência.

Dependendo da área em que o profissional atua, oferecer, aceitar e acompanhar o cliente numa rodada de bebidas é necessário e, em determinadas profissões, acontece com tanta frequência que, se a pessoa não usar alguns truques, há o risco de pecar pelo exagero.

Um amigo querido contou que, numa das rodadas de negociações da qual participava, os executivos de ambas as partes no negócio saíram para o almoço. Beberam tanto vinho que, a certa altura, era visível a confusão de opiniões e as tentativas de fechar o negócio.

O dramático nessa história é que o excesso de oferta, além de expor a imagem do profissional, pode comprometer a negociação. Algumas vezes, oferecer bebidas alcoólicas em excesso pode ser uma arma sutil para fazer o oponente baixar a guarda e suavizar o tom sobre o que está sendo tratado.

Quanto à imagem do profissional, qualquer desequilíbrio, tanto para mais quanto para menos, é expor-se a riscos de interpretação desnecessários.

Como para tudo existe um jeitinho, segue uma lista de atitudes que podem ajudar não só a preservar a imagem de profissional equilibrado e competente como manter a boa saúde:

- antes de pedir uma caipirinha ou vinho, pergunte ao convidado o que ele gostaria de beber. Caso a pessoa decline da bebida alcoólica, não beba sozinho. Existem excelentes alternativas de bebidas sem álcool;
- é praxe acompanhar o cliente na bebida, mas, caso o profissional não tenha o hábito de consumir bebida alcoólica ou não possa acompanhar o cliente por motivo de saúde, é de bom-tom aceitar ser servido, brindar e apenas molhar os lábios. A justificativa para não acompanhar o cliente é simples: "preciso tomar cuidado, apesar de adorar vinho ou o que for, acabo ficando com dor de cabeça";
- um copo é mais do que suficiente para dar conta dos brindes e das comemorações sem baixar a guarda. Beber além do necessário só é bom quando acontece do lado oposto;
- quando oferecer um vinho ao cliente, é prudente manter o equilíbrio nos gastos. Parecer perdulário com o dinheiro da empresa é sinal de falta de controle. No mundo globalizado, as demonstrações de competência corporativa e financeira acontecem nos detalhes;
- coquetéis e *happy hours* são dramáticos para a imagem dos profissionais que gostam de exagerar na bebida alcoólica. Todo mundo acha engraçado na hora, mas pelas costas é comum falar mal de quem foi além do esperado.

22. Comportamento nas viagens de avião

Desde que as viagens de avião se tornaram parte do cotidiano da vida pessoal e profissional, o número de histórias sobre desrespeito entre os passageiros aumentou de forma vertiginosa.

Boa parte dos que se veem obrigados a compartilhar os espaços ínfimos das aeronaves é surpreendida no seu dia a dia por pedidos inusitados, atitudes egoístas e comportamentos inimagináveis.

Fora o estresse natural das viagens de avião com deslocamentos demorados, esperas em aeroportos, cansaço e incerteza em relação aos horários, os viajantes profissionais precisam se munir de doses extra de paciência para conviver com os outros passageiros e chegar ao final do dia ainda sorrindo.

Os deslizes acontecem em várias medidas: uso do encosto do braço como se o avião fosse feito para uma única pessoa; enfrentamento de caras feias para conseguir deixar as poltronas do meio para chegar ao banheiro; confraternizações ruidosas de pessoas que viajam em grupos; malas abandonadas nos bagageiros das primeiras filas enquanto o proprietário vai sentar-se atrás; pessoas que tiram os sapatos e estão com os pés cheirando mal.

Para quem pensa que a lista de agruras acabou, é um ledo engano. É preciso falar sobre os safanões das mochilas, colocadas nas costas, na hora de deixar a aeronave, e dos pertences amassados pelos que não se dão conta de que dividem os bagageiros com outras pessoas.

Aos que estão com a saúde mental sob controle, aventuras de uma viagem de avião de caráter profissional podem até ser engraçadas, mas, dependendo do estado emocional do viajante, a sensação de proximidade com o inferno é clara e uma verdadeira afronta.

Num mundo em que aprender a viver em comunidade e respeitar o outro é uma necessidade inadiável, olhar para o lado e entender que as atitudes que tomamos podem determinar um bom ou mau dia para outra pessoa, é fundamental.

Como lembrete, seguem algumas sugestões de comportamento para quem viaja estar alerta:

- mantenha a tranquilidade na hora de entrar e acomodar as bagagens dentro do avião. Mesmo com o empurra daqui e dali, no final, todas as bagagens costumam viajar no bagageiro;

- ao chegar na poltrona, é simpático cumprimentar quem está sentado na cadeira ao lado;
- vale saber que os comissários de bordo estão disponíveis, em primeiro lugar, para garantir a segurança dos passageiros e, somente depois, para servir. "Obrigado", "por favor", "será que é possível" são sempre muito bem-vindos;
- para tirar os sapatos no avião, é preciso ter certeza de que as meias estão limpas e de que os pés não estejam cheirando mal;
- os passageiros que se sentam nas poltronas do corredor devem manter uma atitude de cortesia para os que estão nas poltronas ao lado e os que estão perto da janela, facilitando, quando necessário, a saída destes para o banheiro;
- tentar manter-se dentro dos limites da poltrona é uma atitude de respeito. Assim, gerenciar os braços durante a refeição e as leituras faz parte dos hábitos e costumes de pessoas bem-educadas;
- ao tirar o paletó, malha ou qualquer outra peça do vestuário, fique em pé no corredor para não bater na pessoa sentada ao lado;
- com o Ipod, é importante não perder a noção de volume. Muitas vezes, o som é tão alto que é possível compartilhar a música sem precisar emprestar o fone de ouvido;
- papéis e outros lixos devem ser entregues aos comissários. De tempos em tempos, em voos longos, é bom fazer uma pequena arrumação no espaço que se ocupa. Nada mais desconfortável do que estar perto de alguém que coleciona embalagens e sujeira no chão;
- ao se preparar para dormir, é importante verificar se não se avançou no espaço que pertence ao assento ao lado;
- os banheiros do avião devem ser usados com o mesmo cuidado que se usa os de casa. Deixe o banheiro em condições de ser usado por outra pessoa; isso é questão de civilidade;
- depois da aterrissagem, ao ficar em pé, esperando a porta se abrir, verifique se não está incomodando, pisando ou empurrando alguém.

Para os passageiros que sofrem de mau humor crônico, infelizmente, a única solução é mudar temporariamente de atitude. Voar pode ser um ótimo momento para aprender a conviver com outras pessoas num espaço exíguo sem causar dificuldades ou problemas.

É importante lembrar, enfim, que o que é bom, agradável ou sem importância para uns pode não o ser para outros. Assim, desconfiar se estamos incomodando a outra pessoa é uma vantagem competitiva. Pelo menos num avião, nunca se sabe quem pode estar viajando sentado na poltrona ao lado.

23. Cerimonial e protocolo nos eventos

Numa sociedade como a brasileira, em que a máxima é a descontração, falar em *cerimonial, protocolo* e *etiqueta* pode parecer um paradoxo.

Sugerir que as pessoas adotem para si, em seus relacionamentos e eventos, as regras que regem os cerimoniais dos eventos oficiais, sociais e socioprofissionais, e também o que ditam as normas de etiqueta, é atear fogo a uma seara marcada pela ideia de que a receita para ter sucesso é manter-se longe das artificialidades e do engessamento das posturas.

Embora a descontração seja mesmo uma delícia, os relacionamentos interpessoais e os eventos de cunho oficial, social formal, profissional e socioprofissional, em sua maioria, são marcados pelas regras de protocolo e etiqueta normalmente seguidas por todos nós, muitas vezes, sem que nos apercebamos do fato.

No dia a dia, todos fazemos uso das regras de cerimonial, protocolo e de etiqueta em eventos do cotidiano, tais como aniversários, jantares com os amigos, festas da empresa e até em reuniões com nossos clientes, e mesmo em eventos especiais como: entrega de prêmios, posses de cargos, inaugurações etc.

Cerimonial, protocolo e etiqueta são ferramentas que servem para dar as diretrizes de como as pessoas devem se comportar em determinadas situações, ao mesmo tempo em que facilitam muito a vida, tanto para quem recebe pessoas como para quem é hóspede, como vamos ver mais adiante.

Com as regras de cerimonial, protocolo e etiqueta, é possível saber com antecedência o que deve ser feito, quando fazer e qual o comportamento adequado nas diversas situações da vida em sociedade.

Um exemplo prático do quanto as regras de cerimonial, protocolo e etiqueta influenciam a vida das pessoas e fazem parte do cotidiano são as festas de casamento.

Toda vez que alguém vai se casar e pretende receber os parentes e amigos para a comemoração religiosa, segue uma série de regras do cerimonial esperadas para esse tipo de evento.

Os passos de uma cerimônia de casamento fazem parte do protocolo desse tipo de evento e, via de regra, devem ser respeitados por quem recebe e por quem comparece como convidado.

Entre outras, as regras de protocolo para casamentos mandam que os convites sejam subscritos de acordo com a etiqueta e que sejam distribuídos com antecedência, e sugerem o tipo de roupa que o convidado deverá usar na ocasião para estar de acordo com o tipo de festa.

Numa cerimônia de casamento, as regras de protocolo são menos rígidas do que as de um evento oficial – posse de governador, inaugurações oficiais, cerimônias de caráter internacional etc. Mesmo assim, os deslizes, quando acontecem, são notados por todos os que estão acostumados a esse tipo de cerimonial.

A cerimônia pode ser considerada o evento em si e que, como tal, terá regras de cerimonial ou protocolo específicas. Existem cerimônias de cunho social, profissional, governamental, universitário, esportivo, religioso, entre outros. E, para cada tipo de evento, existe um cerimonial ou um grupo de regras de protocolo relativas a ele.

Assim, o cerimonial da abertura de um campeonato mundial de futebol será diferente do cerimonial de abertura de um congresso ou da cerimônia de abertura de uma reunião entre países. Mas, cada um desses eventos será guiado por normas de cerimonial ou protocolo próprias.

As regras de protocolo estabelecem não só como as pessoas devem agir e se comportar em determinadas cerimônias, como, também, as regras de precedência que devem ser adotadas por quem recebe e por quem é convidado, devendo ser obedecidas tanto num evento de caráter público como privado.

Essas regras vão desde como e qual o momento correto para que se enviem os convites, de como os convidados devem ser recebidos, até o modo como estes devem comparecer vestidos e de como devem se comportar.

O cerimonial, o protocolo e a etiqueta estão tão incorporados nas nossas vidas que, nos eventos aos quais vamos, quando solicitados a seguir as regras preestabelecidas de protocolo e etiqueta, não nos damos conta de que elas sempre existiram e de que nós sempre as obedecemos.

O fato é que, sem as regras de protocolo e de etiqueta, nossos eventos seriam uma verdadeira bagunça. Seria um tal de as pessoas se sentarem onde gostariam, aplaudirem na hora que desse na telha ou comerem, beberem e irem embora antes do tempo certo.

Sem cerimonial, protocolo e etiqueta, seria muito pouco provável que os jogadores esperassem, no jogo de abertura da Copa do Mundo, a execução dos hinos nacionais, o juiz jogar a moeda para o cara e coroa, a fim de determinar de que lado cada time deverá ficar, ou esperar o apito que ordena o início da partida.

Resumindo, a organização de qualquer evento é o cerimonial; o protocolo faz parte do cerimonial de um evento e regulamenta as regras que servem para determinar, por exemplo, a importância das pessoas presentes à cerimônia, as formas de tratamento e como os lugares deverão ser ocupados pelos presentes. A etiqueta dá as diretrizes de comportamento das pessoas nas cerimônias.

O importante é saber que cerimonial, protocolo e etiqueta andam sempre abraçados e se completam facilitando a organização e o controle das pessoas nos eventos. E os três estão sempre presentes em todos as cerimônias.

Desde uma festinha de crianças até um grande evento, como a posse do presidente de um país ou de uma empresa ou nos jogos da Copa do Mundo, mesmo que não queiramos, temos de seguir o cerimonial, o protocolo e as regras de etiqueta próprias de cada ocasião.

Cerimonial

É provável que os cerimoniais existam desde os tempos em que o homem primitivo se reunia em grupo para comemorar alguma ocasião especial, tal como a saída organizada para uma caçada ou a volta dela.

Mas, as primeiras informações sobre os cerimoniais como eventos organizados e com regras protocolares rígidas vêm da China e datam do século XII a.C.[16] Segundo os historiadores, as solenidades apontadas nos relatos de época eram cheias de pompa e rigor, fato que deu aos chineses o título de grandes mestres do cerimonial. Sabe-se, por exemplo, que os rituais daquele povo eram elaborados e cheios de regras complexas para as várias ocasiões do cotidiano e para as grandes e pequenas solenidades.

O mesmo pode ser dito acerca dos egípcios, com seus rituais e protocolos repletos de detalhes colocados em prática, por exemplo, nos enterros dos Faraós.

Os cerimoniais atravessaram os tempos e foram recebendo influências de muitos povos ao longo da história do homem. Dos gregos nasceram as regras do protocolo usado no cerimonial das Olimpíadas do mundo contemporâneo. Entre elas, a de que o vencedor receba junto com a medalha de ouro uma coroa de ramos de oliveira, herança do cerimonial olímpico que data de cerca de 2800 anos a.C.

O mundo mudou, estamos na contemporaneidade, mas os eventos não mudaram no que diz respeito à importância dada aos cerimoniais, ao protocolo e à etiqueta.

Gilda Fleury, no seu livro *Protocolo e cerimonial*,[17] afirma que,

> [...] nesse mundo atual, nas relações nacionais e internacionais, há necessidade de um bom relacionamento entre os povos. Para isso, além das regras de etiqueta, que facilitam os contatos e o convívio, urge que se determine a precedência, o correto lugar das pessoas, em relação aos cargos e funções que ocupam, e o tratamento correspondente.

Embora seja preciso deixar claro que o cerimonial, o protocolo e a etiqueta, nos dias de hoje, sejam muito mais simples e adequados aos novos tempos, continuam sendo vitais para a organização e manutenção da ordem nos eventos. Sem eles, mesmo nos países mais civilizados, os encontros seriam marcados pela concorrência e disputa constantes entre as pessoas.

Assim, as cerimônias oficiais do governo federal e estados no Brasil, as cerimônias religiosas, universitárias, militares, entre outras, continuam cheias de regras de protocolo e de etiqueta. E o que fica claro para quem se interessa ou faz uso dessa matéria é que os cerimoniais, em muitos momentos da humanidade, servem para comemorar a vida e prantear a morte.

Cerimonial público e privado

Os cerimoniais podem ser divididos em dois tipos: públicos e privados. Considera-se cerimonial público todos os eventos que têm regras ditadas por decreto ou ligados aos governos do Brasil e também de outros países, tais como posses de governantes, cerimônias militares, inaugurações de obras ligadas ao poder público, fechamento de acordos entre nações, apresentação de embaixadores e outras regras que são regidas por leis federais, estaduais ou municipais.

Nos eventos em que são utilizados o cerimonial público, as regras de protocolo têm respaldo jurídico e boa parte delas está sujeita a sanções. Por exemplo, o hasteamento da bandeira do Brasil feito sem respeito às normas vigentes é considerado contravenção e, por decreto, os infratores podem ser punidos com multas que variam de acordo com a falta.

O cerimonial público, também chamado de cerimonial de Estado, serve para regulamentar o relacionamento formal e o tratamento que deverá ser dado às autoridades do Brasil e de outros países que nos visitam.

No cerimonial público, encontram-se as regras de protocolo que servem para guiar os eventos oficiais, os tratamentos dados às autoridades e os relacionamentos entre os membros do governo.

Da mesma forma, servem para estabelecer precedências entre as autoridades nacionais e internacionais, honras militares, privilégios, símbolos nacionais, condecorações, posse do presidente, recepções e outras cerimônias públicas.

O cerimonial pode ser considerado um conjunto de formalidades de determinado ato ou evento público, dispostas e ordenadas em sequência. Por exemplo, na posse de um presidente ou na abertura dos Jogos Olímpicos, existe uma ordem para os acontecimentos.

No caso da Olimpíada, a pira olímpica é acesa depois da apresentação de abertura, do desfile das delegações, dos discursos, do juramento, do hasteamento das bandeiras, do hino e da corrida do atleta pelo estádio carregando a pira.

Cerimonial privado diz respeito a todas as regras em eventos que não envolvam questões de estado.

Eventos empresariais, socioprofissionais, sociais, universitários, entre outros, têm regras próprias de protocolo e de etiqueta que devem ser seguidas, por exemplo: o corte da faixa na inauguração de uma fabrica que não tenha uma autoridade envolvida, uma cerimônia de casamento ou uma formatura.

Protocolo ou precedência

Protocolo ou precedência são termos que fazem parte do cerimonial e consistem em dar passagem, primazia, dar entrada, ceder a vez às pessoas mais importantes, mais velhas, mais nobres etc., em determinado evento.

A primazia faz que uma pessoa receba, por exemplo, as honras que são devidas ao cargo que ocupa tanto na área governamental como na esfera social.

Nos tempos que correm, muitos podem achar que não é justo que se estabeleça algum tipo de precedência na medida em que caminhamos, graças a

Deus, a passos largos para a igualdade de condições. Mesmo assim, a ordem de precedência é usada no dia a dia sem que nos apercebamos do fato e significa elevar uma pessoa à condição de especial em situações específicas e relacionadas a determinados eventos.

A precedência é usada em várias situações e tem aspectos práticos. Com ela, consegue-se estabelecer a ordem, privilegiar pessoas por seus cargos e também dar deferência, por exemplo, a pessoas com deficiência, gestantes ou idosos.

As filas nos bancos, supermercados, cinemas e até a entrada nos aviões dão a deferência ou preferência para grupos de pessoas em condições especiais. Com isso, humanizam, por meio da precedência, o que de outra forma poderia ser injusto.

A precedência, no caso de cerimônias oficiais, da vida profissional ou social, estabelece não só a prioridade entre as pessoas, como também facilita a organização de qualquer evento. Com ela, é possível dispor com antecedência os lugares que as pessoas deverão ocupar, a ordem em que os convidados especiais serão chamados para fazer seus discursos, a ordem do serviço de alimentos e bebidas etc.

Decretos que normatizam a ordem de precedência no Brasil

No Brasil, a precedência está normatizada no Decreto nº 70.274, de 09.03.1972,* com alterações feitas pelo Decreto nº 83.186, de 19.02.1979,** e determina as normas do cerimonial público e a ordem geral de precedência. Ou seja, o protocolo no cerimonial de eventos ligados ao governo tem suas regras baseadas em lei, e a sua não observância, em algumas situações, pode acarretar punição.

A precedência segue normas que vão além do que está oficializado em decreto e pode ser utilizada com o critério mais adequado a uma ou a outra ocasião,

---

* Disponível em: <http://www.planalto.gov.br/ccivil_03/decreto/D70274.htm>. Acesso em: 27 nov. 2013.
** Disponível em: <http://www.planalto.gov.br/ccivil_03/decreto/D83186.htm>. Acesso em: 27 nov. 2013.

mesmo em situações corporativas ou grandes eventos sociais. Assim, a precedência pode obedecer aos critérios listados a seguir.

Força

A ideia de estabelecer um critério que privilegiasse os mais fortes em detrimento dos mais fracos foi usada até 1815. A precedência, até então, era dada a quem tinha maior poder bélico, a quem tinha mais munição, mais armas ou mais músculos.

Está claro que, se estamos falando de cerimonial, protocolo e etiqueta, esse tipo de vantagem não era a mais correta. Logo, numa reunião chamada Conferência de Viena, esse tipo de precedência caiu por terra.

Econômico

Embora esse critério possa parecer injusto, é adotado em muitas situações do convívio social. Nas plateias de teatros em que o valor do ingresso determina o local onde as pessoas poderão sentar-se, na entrada de baladas em que os VIPs têm a preferência para a entrada, nas escolhas de mesas de restaurantes onde os mais assíduos e os que gastam mais têm as mesas mais bem localizadas e em outras tantas situações em que fica clara a primazia baseada nos cifrões.

Nobiliárquico

No Brasil, país em que a família real brasileira não tem lugar oficial no governo, pode parecer estranho imaginar que esse tipo de precedência seja usado.

O critério nobiliárquico diz respeito aos lugares que devem ocupar os reis, príncipes, duques, condes, barões e, eventualmente, alguns membros do alto clero, quando em eventos oficiais.

Mas, em outros países com um governo monárquico, tais como Espanha, Inglaterra, Holanda, Dinamarca e outros, ou num evento no Brasil em que pessoas da nobreza estrangeira estejam presentes, muito provavelmente esse critério será utilizado para as apresentações, para a disposição dos lugares à mesa, para o serviço de salão etc.

Anfitrião

O critério anfitrião é reconhecido nas Normas do Cerimonial Público e pela Ordem Geral de Precedência, em vigor no Brasil no citado Decreto nº 70.274/1972. Esse critério diz respeito ao lugar que o anfitrião deve ocupar entre os participantes de determinado evento.

O anfitrião é sempre considerado ponto de partida zero (0) para que se estabeleçam, por exemplo, os lugares em que as pessoas deverão ficar numa fila de cumprimentos, o lugar em que se sentar os convidados mais importantes, bem como todos os outros convidados, e assim por diante. Isso é válido tanto para os eventos oficiais como para os sociais.

Mesmo que o anfitrião receba autoridades de cargo superior ao seu, permanece com o destaque, mesmo tendo de ceder o seu lugar na elaboração da lista de precedência.

Idade

Consagrado também pelo Decreto nº 70.274/1972, o critério por idade dá a precedência para as pessoas mais velhas em detrimento das mais novas. Muito utilizado em situações do convívio social. Numa festa, por exemplo, quando se tem de escolher quem deverá ter a precedência para sentar, a escolha, em geral, recai sobre os mais velhos.

Na hora das apresentações, também usa-se o critério de idade, os mais jovens devem ser apresentados para os mais velhos.

Sexo

No Brasil e em outras culturas do mundo ocidental, as mulheres costumam ter a precedência sobre os homens na vida social.

Em situações do convívio corporativo e na esfera governamental, a precedência é feita pelo cargo que a pessoa ocupa e não pelo sexo. Mas, socialmente, em grande parte das situações, as mulheres têm a primazia sobre os homens.

Antiguidade histórica

O critério de antiguidade histórica é usado para determinar a precedência de pessoas jurídicas e dos representantes das unidades administrativas. Por exemplo, quando várias autoridades de diferentes estados da Federação se reúnem, o critério utilizado para estabelecer a precedência é o da fundação do Estado.

A precedência num evento em que estejam presentes vários governadores, a disposição das bandeiras e a escolha dos lugares devem ser determinadas pela ordem de constituição histórica dos estados, conforme se segue:

- Bahia
- Rio de Janeiro
- Maranhão
- Pará
- Pernambuco
- São Paulo
- Minas Gerais
- Goiás
- Mato Grosso
- Rio Grande do Sul
- Ceará
- Paraíba
- Espírito Santo
- Piauí
- Rio Grande do Norte
- Santa Catarina
- Alagoas

- Sergipe
- Amazonas
- Paraná
- Acre
- Distrito Federal
- Amapá
- Rondônia
- Roraima
- Mato Grosso do Sul
- Tocantins

Assim, num jantar realizado em Brasília, em que o anfitrião seja o governador de Tocantins e que estejam presentes os governadores de São Paulo, Bahia, Rio de Janeiro, Maranhão e Pará, o governador de São Paulo não terá assento ao lado do anfitrião.

O mesmo critério, de antiguidade histórica, é utilizado quando se faz necessário estabelecer a precedência entre os membros do governo. No caso dos ministérios e autarquias, o mais antigo entre eles é o da Justiça. A ordem de precedência é a que segue:

- Justiça
- Defesa
- Relações Exteriores
- Fazenda
- Transportes
- Agricultura, Pecuária e Abastecimento
- Educação
- Cultura
- Trabalho e Emprego
- Previdência Social
- Desenvolvimento Social e Combate à Fome
- Saúde
- Desenvolvimento, Indústria e Comércio Exterior

- Minas e Energia
- Planejamento, Orçamento e Gestão
- Comunicações
- Ciência e Tecnologia
- Meio Ambiente
- Esporte
- Turismo
- Integração Nacional
- Desenvolvimento Agrário
- Cidades
- Secretaria-Geral da Presidência da República
- Chefe do Gabinete de Segurança Institucional da Presidência da República
- Advogado-Geral da União
- Controle e da Transparência
- Chefe da Secretaria de Relações Institucionais da Presidência da República
- Presidente do Banco Central do Brasil
- Chefe da Secretaria de Comunicação Social da Presidência da República
- Assuntos Estratégicos da Presidência da República
- Chefe da Secretaria Especial de Políticas de Promoção da Igualdade Racial da Presidência da República

No caso do cargo de presidente do Banco Central e de outras autoridades federais, algumas delas possuem *status* de ministro e, por isso, têm a precedência sobre outros cargos do governo.

Numa sala no Planalto, em que estejam sentados todos os 37 ministros do Brasil, caso a mesa não seja redonda, o ministro da Saúde sentar-se-á relativamente longe do presidente.

Interesse

Embora possa parecer um critério estranho, o interesse prevalece para o estabelecimento da precedência em várias ocasiões, inclusive no ambiente social.

Por exemplo, quando damos a precedência ao amigo mais querido ou a alguém que temos interesse em privilegiar.

Ordem alfabética

Democrático, simpático e prático, esse é um dos critérios que traduz o amadurecimento nas relações entre as pessoas, países e instituições de ensino, por exemplo.

Nas listas de chamada das escolas, a precedência estabelecida é pela ordem alfabética dos nomes. Nas Olimpíadas, na festa de abertura, a ordem da entrada dos atletas para a apresentação das delegações tem o critério da ordem alfabética dos nomes dos seus países.

Titulação

Usada nos eventos universitários, a precedência é organizada com base nos títulos (bacharel, especialista, mestre, doutor), do menor grau para o maior.

Hierarquia

Falar em precedência é falar também em hierarquia, uma vez que esta é também uma forma de dar a precedência e de estabelecer a ordem de importância das pessoas.

Não há empresa sem hierarquia, e até mesmo no ambiente familiar é possível estabelecer a ordem das pessoas pela posição que ocupam. A hierarquia faz parte de todas as instituições sociais organizadas e pode ser utilizada nas cerimônias em que seja necessário que se estabeleça esse tipo de ordem.

24. Lugar de honra

Quando se fala em precedência, somos levados a falar em lugar de honra, ou o lugar que deverá ser ocupado pela pessoa mais importante num evento. Muitas vezes, somos obrigados a marcar a importância das pessoas pelos lugares que deverão ocupar em festas ou em reuniões, mesmo as que acontecem nos escritórios.

Para os que são atentos, sentar-se no lugar errado ou colocar uma pessoa para sentar num lugar que não cabe a ela pode ser visto até como agressão. Colocar as pessoas nos lugares certos é uma das regras de protocolo usadas em vários setores da vida social, socioprofissional, profissional e do governo.

Até pouco tempo, a cabeceira da mesa num restaurante era dada à pessoa considerada a mais importante entre os presentes, a que tinha mais dinheiro ou prestígio. Tanto que existe a tradicional brincadeira "quem senta na ponta é quem paga a conta".

Quando pensamos num teatro, os lugares mais importantes são os que estão localizados perto do palco e os mais centrais. Nas igrejas, os lugares de honra são os bancos mais próximos do altar e os mais próximos do corredor central.

Nos carros, o lugar mais importante, quando quem dirige o veículo é um motorista profissional, é no banco de trás em diagonal ao condutor.

Nas mesas, o lugar de honra é determinado a partir de onde se senta o anfitrião, considerado o ponto de partida ou ponto central, para, a partir daí, estabelecer a organização da precedência.

As empresas comumente cometem gafes relacionadas à disposição dos lugares quando organizam jantares de integração com os seus colaboradores. Muitas vezes, a própria direção da empresa esquece que a distribuição dos lugares no salão dá indicações claras a respeito da importância que cada convidado tem para a organização.

Não é incomum, nos jantares corporativos, encontrar todos os diretores, inclusive o presidente, sentados juntinhos numa mesa e os outros funcionários em outras. Nesse caso, o correto seria que cada uma das pessoas em postos importantes sentassem em mesas separadas. Fazendo isso, a organização daria aos outros convidados a sensação de prestígio e colocaria em prática o que a empresa se propôs a fazer, integrar pessoas.

Um verdadeiro *show* de correção em precedência e etiqueta aconteceu no casamento do príncipe William com Kate Middleton, em 2011, quando 1.900 convidados, entre altos dignitários, políticos, membros de associações de caridade, celebridades, soldados feridos em combate no Afeganistão e no Iraque e alguns sem abrigo que o príncipe William foi conhecendo nas suas missões militares e humanitárias ao longo dos anos, reuniram-se para um almoço na Abadia de Westminster, em Londres.

Na ocasião, todos os membros da família real sentaram-se separados, um em cada mesa, para homenagear a todos os presentes. A rainha sentou-se numa mesa, o marido em outra, o filho mais velho em outra e assim por diante. Fizeram isso para que todos os presentes pudessem sentir o quanto eram importantes e acolhidos pela família real. Num verdadeiro *show* de hospitalidade e elegância, nota dez!

Plano ou mapa de mesa

Tanto faz se o jantar é de confraternização ou solene, se é do governo, de empresa ou social. A preocupação com os lugares que as pessoas deverão ocupar no salão deve ser uma constante.

A distribuição de lugares feita com antecedência serve para criar um clima mais harmonioso e ajudar os convidados a se confraternizar com pessoas com as quais, de outra maneira, provavelmente não teriam a oportunidade de conversar.

Algumas pessoas, menos experientes em confraternizações com os lugares marcados, ficam injuriadas quando percebem que não poderão escolher seus lugares.

As menos educadas chegam, inclusive, a mudar sorrateiramente a disposição dos seus nomes nas mesas, alterando as posições determinadas, para ficarem próximas aos amigos ou de pessoas do seu interesse, atitude que demonstra falta de respeito para com os organizadores do evento.

O plano de mesa é o planejamento da disposição dos convidados em relação ao lugar do anfitrião no salão. Funciona para distribuir e privilegiar pessoas e deve ser feito junto com quem promove o evento ou a reunião.

Com o plano de mesa, é possível aproximar ou separar pessoas de forma que todos os convidados se sintam, como no caso do casamento real, bem recebidos e prestigiados. Mesmo os "menos importantes".

Algumas regras valem ouro, mesmo quando aplicadas à vida social e, por isso, merecem destaque:

- deixar as pessoas livres para sentarem-se onde quiserem, mesmo quando na casa de amigos, pode causar confusão e muita indecisão, atrasando o serviço. O melhor é que todos os convidados recebam dos anfitriões ou dos organizadores a orientação prévia para ocuparem os lugares que foram a eles destinados com antecedência;
- mesas elegantes, quando possível, têm homens e mulheres sentando-se intercalados, mesmo nos eventos corporativos. Com isso, pretende-se que a mesa tenha assuntos mais harmônicos e que todos usem de competências social[18*] para fazerem-se agradáveis;
- por incrível que pareça, marido e mulher devem sentar-se longe um do outro. Embora possa parecer estranho ou até engraçado para alguns, isso é uma convenção que demonstra educação e disponibilidade para conhecer outras pessoas;
- engana-se quem acredita que convidar pessoas com os mesmos interesses e profissão é a receita para montar uma mesa divertida e agradável. Na maioria das vezes a diversidade de interesses é o que garante uma boa conversa;
- nas reuniões e almoços corporativos, quem define quem senta em qual lugar é quem convida ou tem o cargo mais alto;
- em mesas em que há anfitriã e outras mulheres, o serviço deve começar pela convidada mais importante, seguida pelas outras convidadas, e terminar na anfitriã, para depois serem servidos os homens da mesa. O anfitrião deverá ser o último a receber os pratos e a bebida;
- na hora da retirada dos pratos, a ordem do serviço é a mesma usada para servir os pratos, da convidada mais importante ou mais velha para as demais convidadas.

---

* Competência social é a reunião de todos os conhecimentos não técnicos ou de aplicação prática para a atuação profissional e adquiridos ao longo da vida, nas interações entre as pessoas, e do desempenho da profissão.

Exemplo de um plano ou mapa de mesa

Lugares de honra na mesa

Numa mesa arrumada para refeições ou para reuniões *à inglesa*, os anfitriões sentam-se nas cabeceiras e os convidados especiais, ao lado direito dos anfitriões:

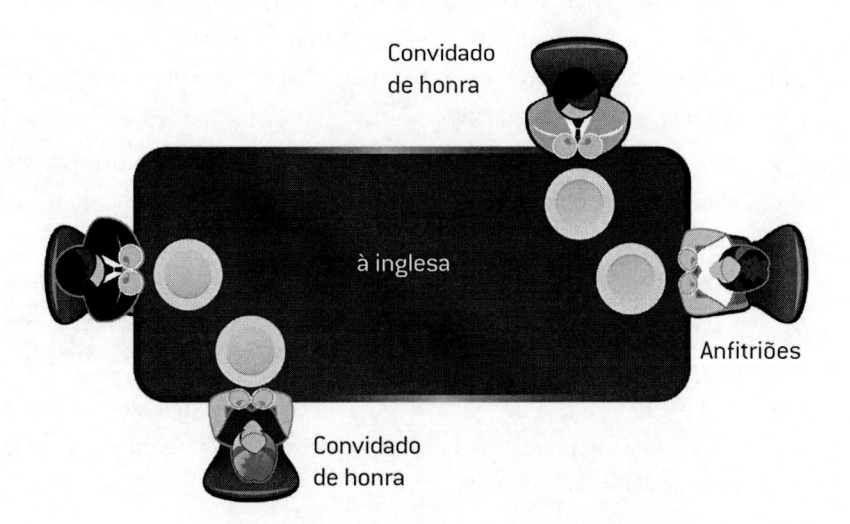

Convidado de honra

à inglesa

Anfitriões

Convidado de honra

Nas mesas arrumadas para refeições ou reuniões *à francesa*, os anfitriões sentam-se no meio da mesa e os convidados especiais, do lado direito dos anfitriões.

Esse tipo de mesa é perfeito para quando há um número maior de convidados, porque possibilita que os anfitriões tenham um raio maior de interação com os seus convidados.

Quando a refeição é social e não há uma convidada de honra, a mulher mais velha ou a que nunca foi convidada pelos anfitriões é quem ocupa o lugar à direita do anfitrião. O mesmo se dá quando não há um convidado de honra: o homem mais velho é quem ocupa o lugar de honra.

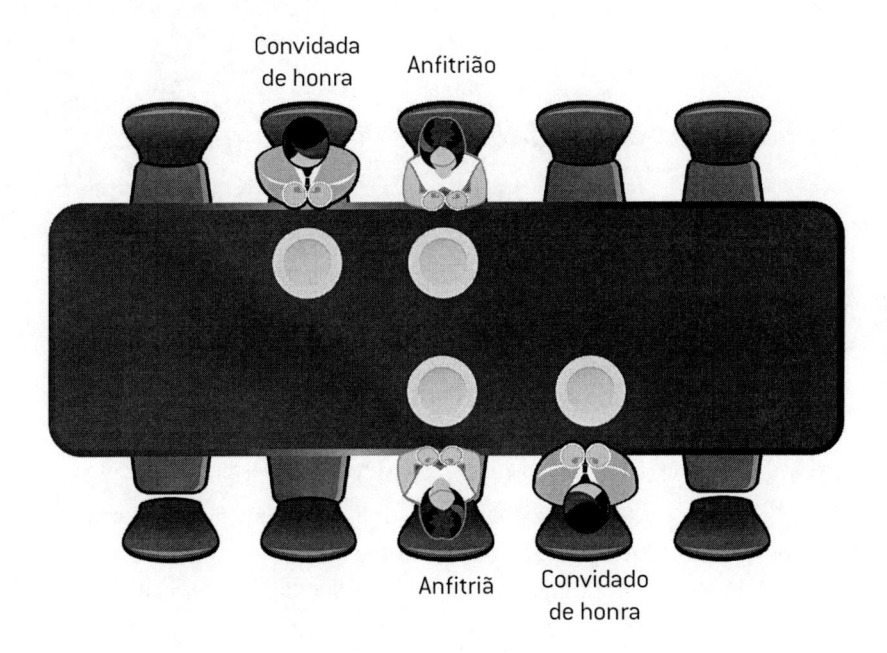

As mesas chamadas de plenário ou auditório são usadas para palestras, simpósios, seminários e outras situações em que exista plateia.

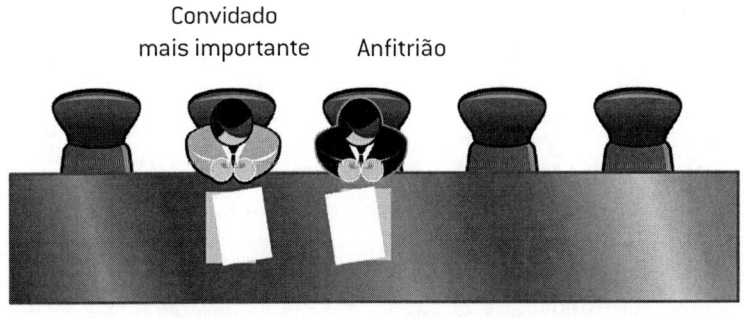

Mesa plenário com número ímpar de lugares

Convidado
de honra   Anfitrião

Mesa plenário com número par de lugares

Chamada das autoridades para compor a mesa

Para os que não estão acostumados com as questões que dizem respeito à ordem de precedência, pode parecer estranho que as pessoas que vão compor a mesa num evento sejam chamadas pela ordem de importância da sua participação. Mas é assim que ocorre.

A chamada das autoridades para a composição da mesa começa pela pessoa que irá sentar-se no centro, seguida dos demais, pela ordem de precedência, que deve ser determinada pela pessoa encarregada do cerimonial daquele evento.

Via de regra, como nas mesas de refeições arrumadas à francesa, com exceção das mesas em que participam autoridades do governo, o centro da mesa deve ser ocupado pelo anfitrião, seguido, à sua esquerda, de quem olha da plateia, pelo convidado mais importante e, à direita do anfitrião, o segundo convidado mais importante.

No caso de uma mesa em que as seguintes autoridades sejam indicadas para ocupar um lugar na mesa: governador, prefeito da capital, secretário estadual e vereador, eles serão chamados nesta mesma sequência, uma vez que, segundo o decreto federal, esta é a ordem geral de precedência.

Ordem dos discursos

A ordem dos discursos segue precedência contrária da esperada. Ou seja, dá o privilégio de ser o primeiro a discursar para a autoridade de menor hierarquia, para depois passar a palavra para os demais oradores por ordem de importância, sempre de baixo para cima, até a maior autoridade.

Com isso, a pessoa de maior hierarquia na ordem dos discursos será a última a falar e será com ela que a cerimônia deve encerrar. No entanto, nem todas as pessoas que compõem uma mesa precisam fazer uso da palavra.

Quando da elaboração do roteiro da cerimônia e da determinação das falas, o cerimonialista deve levar em consideração que um número muito grande de pessoas falando numa mesma cerimônia dispersa o público, tornando o evento bastante cansativo, e acaba tirando o foco do último discurso, que é o principal de todos.

Prismas e cartões de mesa

Em qualquer evento corporativo ou do governo em que seja necessário identificar pessoas em mesas, são usados prismas ou os cartões de mesa. Para a organização do evento, o uso desses expedientes facilita e agiliza que as pessoas assumam os lugares indicados e esperados e, quando existe plateia, serve como indicação por escrito dos participantes da mesa do palco, facilitando o reconhecimento das pessoas que deverão receber destaque.

Os nomes, em ambos os casos, deverão ser impressos ou preenchidos em tinta preta. No caso de refeições formais, quando necessário, pode-se incluir no cartão de mesa o cargo, a função e o pronome de tratamento (Vossa Excelência, Vossa Senhoria, Vossa Santidade, Vossa Magnificência, Vossa Majestade, Vossa Alteza) adequado à pessoa em questão, bem como o nome da organização e o país de origem.

Fazem parte das indicações de lugares em eventos os cartões de braço, que nada mais são do que um cartão com o desenho do mapa do salão contendo a disposição das mesas e a indicação do lugar em que deverá se sentar o convidado.

Lugares de honra em teatros

Por incrível que pareça, nos teatros também existem os lugares mais importantes, onde costumam sentar as figuras principais de um evento social ou corporativo.

Nos teatros em que existam camarotes e frisas, e que serão usados para determinado evento com pessoas de destaque, o lugar de honra é o que fica o mais distante do palco e de frente para ele.

Já nos teatros comuns, os lugares importantes estão entre as primeiras fileiras da plateia, do lado esquerdo de quem entra. Mas e bom lembrar que nem sempre as primeiras fileiras tem a melhor visão e, se possível, as mulheres não devem sentar-se no corredor.

Para entender quais devem ser as preocupações de quem vai escolher as melhores posições para um evento, temos a história de uma senhora que foi convidada pelo presidente de uma companhia multinacional para assistir no auditório do Centro de Convenções do Anhembi, em São Paulo, a um espetáculo de balé em comemoração ao aniversário da tal organização.

Logo na entrada, segundo a tal senhora, ela recebeu instruções da *hostess* do evento de que deveria sentar-se na primeira fileira do auditório e em posição relativamente próxima ao anfitrião.

Não é preciso dizer que a tal convidada não coube em si de contente. Além de assistir de graça à um grande balé, ainda teria o privilégio de ficar próxima da figura máxima do evento.

Porém, na hora em que os bailarinos começaram a aparecer no palco, todos os convidados importantes e a tal senhora, sentados nas primeiras fileiras, descobriram que caíram no conto dos melhores lugares. O palco era tão alto que impedia a visão das primeiras fileiras da plateia dos bailarinos. Os convidados só viam as cabecinhas subindo e descendo e, ainda assim, dependendo do momento da música.

A conclusão desse episódio, fora a situação ridícula, não é preciso adivinhar: no intervalo, todos os convidados sentados nas primeiras fileiras tiveram de mudar suas posições para sentarem-se no meio da plateia.

Se alguém perdeu o emprego por isso, ninguém nunca soube dizer para a tal convidada, mas seguramente todos os presentes aprenderam uma grande lição: "Dependendo do teatro, as primeiras filas não servem nem para se sentar um cão".

Lugar de honra nos carros

Pode parecer estranho, mas nos carros também é possível estabelecer a precedência e dar o lugar de honra a uma pessoa. Num veículo particular, quando o proprietário dirige o carro, o lugar de honra é à sua direita.

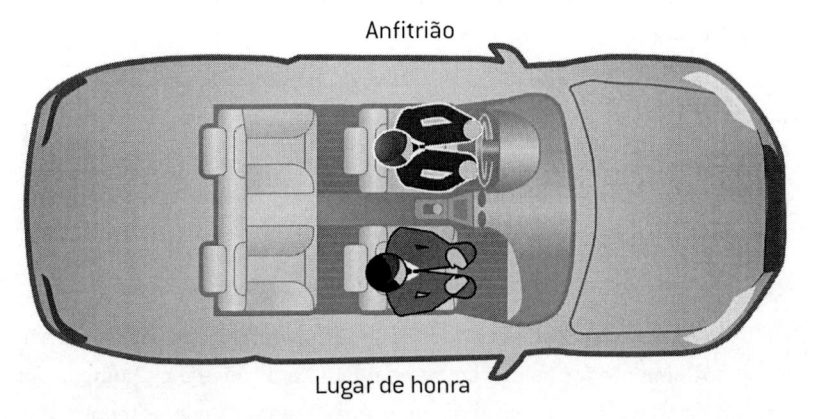

Anfitrião

Lugar de honra

Quando o motorista é contratado, o lugar de honra é no assento traseiro no lado oposto ao motorista.

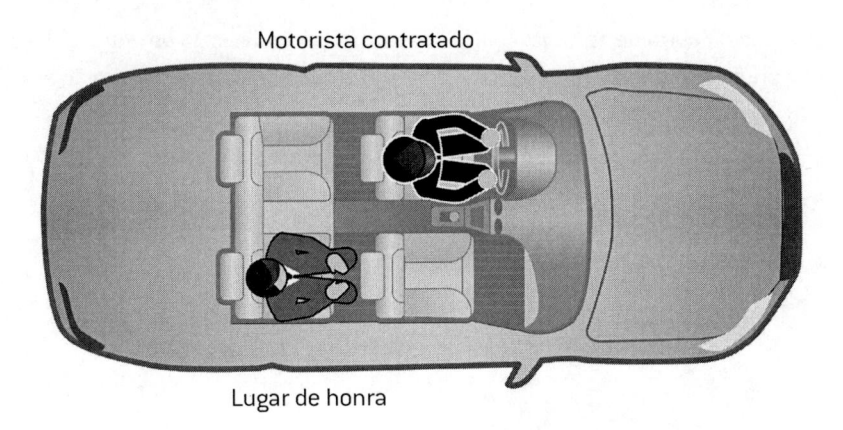

Motorista contratado

Lugar de honra

Lugares de honra nas igrejas

Não são poucas as situações, tanto na vida social como na vida profissional, em que somos levados a ter de reservar os bancos da igreja para que sejam destinados às pessoas hierarquicamente mais importantes do evento ou familiares de quem está sendo homenageado.

Para isso, é importante lembrar que, como os lugares nas mesas, nos carros e nos teatros, na igreja também há lugares certos para situações em que é necessário dar precedência aos presentes em alguma celebração.

Assim, nas igrejas católicas, os lugares mais importantes são os que estão situados na primeira fila do lado direito de quem olha da porta de entrada em direção ao altar.

Caso se tenha de colocar a bandeira do Brasil no altar, o lugar correto é olhando da porta de entrada para o altar, do lado esquerdo.

Filas de cumprimentos

De modo geral, nas recepções governamentais e corporativas de caráter oficial ou nas socialmente formais, é costume que os anfitriões e os homenageados recebam os convidados na entrada da recepção, para os cumprimentos e apresentações.

A fila de cumprimentos deve ser formada logo na entrada do evento, do lado esquerdo da porta de entrada. A primeira pessoa perto da porta de entrada deve ser o anfitrião, seguido do convidado especial ou homenageado, esposa do anfitrião, esposa do convidado especial ou homenageado.

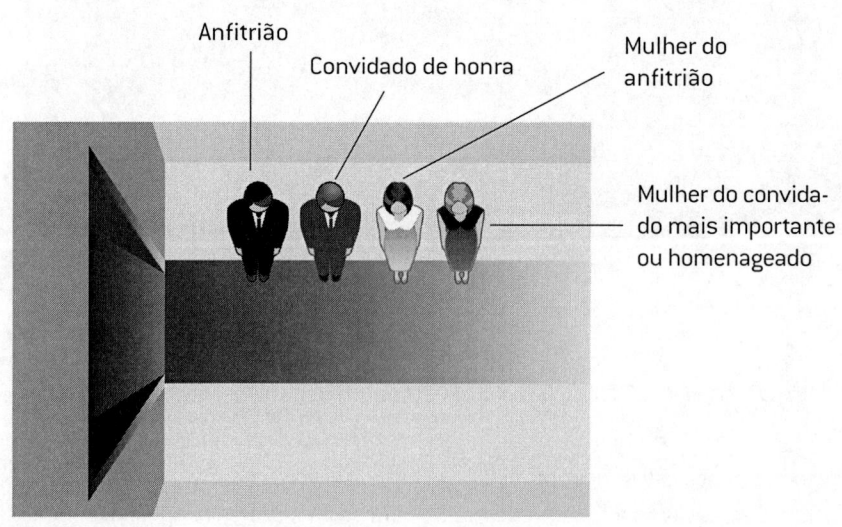

Caso a fila de cumprimentos seja formada só por homens, deve ser encabeçada pelo anfitrião, seguido pelo convidado especial ou homenageado.

Nominatas

```
Nome: _____
Cargo: _____
```

Nominata é uma ficha entregue ao anfitrião do evento para que possa citar, no seu discurso, o nome das pessoas que deverão receber destaque, que estão ou não presentes no evento. Este expediente é muito útil para que ninguém seja esquecido, o que poderia causar grandes constrangimentos.

Devem constar das nominatas (cada pessoa a ser lembrada tem o seu nome anotado em uma) o nome e o cargo, escritos em letra legível. Quando a pessoa a ser lembrada tem nome estrangeiro, o encarregado de escrever a nominata deve fazê-lo da forma como se fala, facilitando para o anfitrião a correta pronúncia do nome a ser citado.

Detalhe: caso a pessoa que vá ler as nominatas não enxergue bem, a pessoa encarregada de escrever deve fazê-lo com letras grandes, o que ajuda a evitar erros na citação dos nomes.

Carômetro

O carômetro é um expediente usado nos eventos em que estejam presentes pessoas ilustres que deverão ser reconhecidas pelo pessoal envolvido na organização, sem que seja necessário que estas se apresentem.

O carômetro é um pequeno livrete ou uma folha de papel com a fotografia dos convidados importantes, juntamente com seus nomes e cargos. Funciona para que os que não conhecem os convidados ilustres evitem a gafe de perguntar seus nomes na recepção do evento.

O carômetro é um expediente que evita situações embaraçosas como a que aconteceu com uma apresentadora e modelo, na entrada de um evento em São Paulo.

Na ocasião, quando da chegada da apresentadora ao evento, a recepcionista, ciosa das suas responsabilidades, mas pouco informada sobre quem seriam os convidados, perguntou à modelo: "seu nome, por favor?". A apresentadora sentiu-se ofendida e respondeu, brava, que a moça tinha obrigação de saber quem era ela. A apresentadora disse que imaginava que, sendo uma das convidadas especiais do evento, deveria ser reconhecida na entrada pela organização.

O deslize da recepcionista ecoou muito mal para os organizadores, que, mesmo tendo pedido mil desculpas à convidada, não conseguiram apagar o mal-estar gerado pelo ocorrido.

Bobagem ou não, exagero da apresentadora ou não, tanto faz. Se a recepcionista tivesse recebido com antecedência o carômetro e tivesse sido instruída a usá-lo, poderia ter recebido a apresentadora com outras palavras.

Save the date

O *save the date* é um aviso enviado por *e-mail* ou impresso que os organizadores mandam para seus convidados com antecedência de um mês e meio para que estes reservem a data e o horário em que acontecerá o evento. Dessa forma, evita-se que as pessoas assumam outros compromissos que os impeçam de comparecer ao evento.

SAVE THE DATE

Etiqueta, cerimonial e protocolo
como receber estrangeiros e organizar um evento de sucesso

Licia Egger-Moellwald e Duncan Egger-Moellwald

21 de Fevereiro

Livraria das Luzes

Av. Antonio Silva, 10

Bairro da Paz

Lançamento do livro

Reserve esta data   Cengage Learning

24. Lugar de honra

25. R.S.V.P. e outras formas de lembranças usadas nos convites

Sigla usada nos convites para indicar a necessidade de resposta sobre a presença ou não do convidado ao evento. De forma geral, é seguida pelo telefone ou *e-mail* para a resposta, constando, por sua vez, o nome da pessoa responsável por receber as confirmações.

O R.S.V.P.* pode aparecer com outras denominações e/ou acompanhado de outras expressões que trazem algum tipo de solicitação ao convidado:

- R.P.F. (responda, por favor);
- *regrets only*: usado só para apontar o eventual não comparecimento;
- P.M. (*pour memoire*): expressão de origem francesa usada quando o convite foi feito pessoalmente ou por telefone, tem o objetivo de lembrar o convidado;
- indispensável a apresentação deste: os convidados devem se fazer acompanhar do convite recebido em papel;
- pessoal e intransferível: é usado em grandes festas para autenticar a pessoa que recebeu o convite.

Convite

21 de Fevereiro

Livraria das Luzes
Av. Antonio Silva, 10 - Bairro da Paz

Lançamento do livro

R.S.V.P. (11) 2222-2222

---

* R.S.V.P. Répondez s'il vouz plaît.

Prazos para envio de convites

Eventos sociais ou corporativos devem procurar respeitar os prazos para o envio de convites. Fazendo isso, evita-se que os convidados deixem de comparecer porque assumiram outros compromissos e possam se preparar em todos os sentidos. Os prazos sugeridos aqui seguem uma relação comum e utilizada em todos os eventos de cunho social e oficial:

- 30 dias para eventos que exijam trajes especiais, gala, *black-tie* ou fantasia, presença de autoridades, palestrantes, conferencistas, solenidades;
- 30 dias para casamentos, bodas e festas dessa natureza;
- 15 dias para festas de 15 anos ou outros eventos sociais;
- 10 dias para eventos profissionais que não estejam incluídos na lista dos que necessitam de 30 dias;
- 3 a 5 dias para qualquer evento informal (jantares sociais, para pequenos grupos, e informais).

Como subscritar os envelopes dos convites

Para que os convites sejam recebidos pela pessoa certa e causem uma boa imagem, é bom seguir as seguintes normas para subscritar o envelope:

- manda o protocolo que os convites sociais, distribuídos na cidade em que vai acontecer o evento, devem ser endereçados à mão e de preferência enviados por pessoas especializadas. No caso de outras cidades, estados ou países, o convite pode ser enviado pelo correio;
- convites com os nomes escritos em etiquetas feitas por computador podem ser utilizados em eventos corporativos pouco formais e em ocasiões sociais de grande informalidade;
- coloca-se o remetente apenas quando o convite não é entregue pessoalmente;
- a forma correta de tratamento, precedência do nome do convidado e a indicação de seu cargo após o nome são exigências para qualquer convite profissional ou ligado ao governo;

- qualquer convite para um evento informal pode ser feito por telefone, *e-mail* ou mesmo, dependendo das circunstâncias, por torpedo, SMS ou outro meio correspondente;

- caso o evento exija um traje especial, isto deverá estar escrito no corpo do convite;

- casais deverão receber seus convites subscritos da seguinte maneira: Sr. e Sra. Hugo Egger Moellwald ou Senhor e Senhora Hugo Egger Moellwald ou Senhor Hugo Egger Moellwald e Senhora (procedimento considerado o menos elegante);

- convite para um casal em que a mulher não mudou seu nome de solteira: Senhora Licia Arena e Senhor Hugo Egger (nessa forma, o nome das mulheres sempre vêm na frente do nome masculino);

- quando o convite for para a família, o correto é: Sr. Hugo Egger e Família (este tipo de convite inclui o casal e os filhos solteiros que morem na casa dos pais, mas não inclui namorados e namoradas ou outros familiares);

- casais em que o homem seja uma autoridade ou tenha patente, os convites devem ser feitos com o tratamento próprio para o marido. Por exemplo: Excelentíssimo Senhor José dos Santos e Senhora ou Juiz Carlos Penteado e Senhora ou Senador Fulano de Tal Ferreira e Senhora;

- as esposas de autoridades devem receber, quando da subscrição dos convites, o mesmo tratamento dado aos maridos. Mesmo que o convite seja apenas para ela; por exemplo, caso a convidada seja esposa de um governador, receberá o convite como Excelência e Excelentíssima Senhora;

- para jovens, divorciados ou solteiros, o convite deve ser subscrito apenas com o nome do convidado, exemplo; Duncan Egger. Não é considerada gafe a abreviação do nome do meio do convidado;

- para casais que não são casados ou que não usam o mesmo sobrenome, os convites devem ser subscritos da seguinte forma: Beatriz Toledo e Paulo Pereira; Sr. e Sra. são opcionais, não sendo considerado de uso obrigatório colocar "e" entre os nomes;

- para casais homossexuais não casados, namorados ou acompanhantes, irmãos ou amigos que morem no mesmo endereço, os convites devem ser enviados separados. Cada um deverá receber um convite.

26. Tipos de eventos

Cada situação exige um tipo de evento diferente e precisa que o seu planejamento seja guiado pelas características do público ao qual se destina e, naturalmente, pelos interesses que estão associados aos resultados que se espera com a realização do evento.

Para tanto, reunimos os tipos de eventos mais habituais, seus trajes e tipos de serviços de alimentos e bebidas, que podem ser realizados tanto por empresas, escolas, universidades, governo, como também por indivíduos na vida social que, por motivos diversos, precisam reunir pessoas.

Banquetes

São festas solenes que exigem grande desembolso financeiro. Os banquetes são ocasiões muito formais em que o serviço de alimentos e bebidas é mais exigente, do qual fazem parte pratos elaborados, bebidas especiais e serviço diferenciado.

De modo geral, são realizados em grandes confraternizações, tais como posse de presidentes de empresas, de governantes, em grandes premiações e comemorações sociais de grande porte, como casamentos mais solenes. Os trajes usados em banquetes podem ser: passeio completo, *black-tie* ou gala.

Brunch

Ótimo para eventos que acontecem pouco antes do almoço ou mesmo como substituto do almoço tradicional. Inclui no cardápio opções de comidas e bebidas oferecidas no café da manhã. É comum nesse tipo de evento encontrar à disposição dos convidados café, leite, sucos variados e champanhe, acompanhados de pãezinhos, geleias, tortas salgadas, saladas e pratos frios. Podem ser usados em eventos corporativos de qualquer natureza, que exigem mais descontração, ou mesmo em eventos sociais, tais como casamentos realizados pela manhã e na hora do almoço, nos finais de semana.

O traje, de modo geral, é descontraído ou, no máximo, de passeio, se for usado em comemorações profissionais, como inaugurações, lançamentos, ou em eventos sociais, como casamentos, batizados, ou em outro tipo de comemoração.

Churrasco

Considerado um evento descontraído, é perfeito pela praticidade para encontros informais e de confraternização tanto de empresas como no âmbito social. Esses eventos acontecem, em geral, na hora do almoço e têm cardápio e decoração descontraída. Pode ser realizado para pequenos, médios e até grandes grupos pela sua praticidade e rapidez de serviço.

O mais utilizado nesse tipo de evento é o serviço de *buffet*, em que são servidos carne, frango ou peixe e saladas variadas. Os convidados podem eles mesmos se servir ou ser servidos por garçons em mesas, sentados ou mesmo em pé. Neste último caso, para facilitar que os convidados possam comer, o serviço deve ser de espetinhos ou sanduíches. A escolha do tipo de serviço vai depender das características e do local em que acontece o evento.

O traje para esse tipo de evento é informal (esporte para homens e mulheres).

Coffee break

Pequenos eventos que acontecem nas pausas do trabalho. São eventos de caráter exclusivamente profissional e exigem que o serviço seja de *buffet*, estrategicamente localizado para que todos possam se servir rapidamente.

Acontecem tanto em hotéis como na própria empresa e têm como característica o curto espaço de duração (no máximo 30 minutos).

O traje para esse tipo de evento é ditado pelo tipo de reunião que acontece no momento, podendo ser esporte, *casual business* ou mesmo social.

Concurso

É uma competição que pode ser voltada para disputa cultural, esportiva, artística, científica, entre outras. Os concursos podem ser organizados estabelecendo para os competidores várias etapas, em que vão sendo avaliados por um grupo de jurados que tem o poder de decidir o ganhador ou os ganhadores.

Não existem regras para a dimensão de um concurso, podendo acontecer desde em pequenos grupos a concursos de porte nacional e internacional. Não existe nada estabelecido em relação ao serviço de alimentos e bebidas, ficando a critério dos organizadores a necessidade ou não de uma comemoração que inclua as questões ligadas à gastronomia.

O traje para o público dependerá da natureza do concurso e do local do evento, podendo ser esporte, *casual business*, passeio ou mesmo o traje de gala, como o exigido na entrega do prêmio Nobel, em Estocolmo, na Suécia.

Conferência

Reunião de caráter técnico ou científico, com a exposição de determinado assunto, realizada por um conferencista. Exige uma sala tipo conferência ou anfiteatro, encontrada normalmente em hotéis e universidades, ou outro espaço público.

Não exige qualquer tipo de serviço de alimentos e bebidas, e o traje, de modo geral, é esporte ou *casual business*, sendo determinado pela relevância do palestrante, o tipo de público e o local em que acontece o evento.

Congresso

É um grande evento de caráter periódico, com o objetivo de estudar, debater e formular conclusões sobre um tema geral. Um congresso é uma atividade de reunião dividida em subitens, apresentados e discutidos em eventos que acontecem em paralelo, tais como painéis, simpósios, mostras e exposições.

Os congressos acontecem, de modo geral, em um ou mais hotéis de grande porte, com capacidade para acomodar um grande número de participantes. Faz parte dos congressos uma intensa atividade intelectual e de lazer, tais como cafés da manhã, almoços e jantares para todos os participantes.

É comum nesse tipo de evento que os participantes se façam acompanhar de familiares. Para tanto, é necessário que os organizadores proporcionem atividades de entretenimento para os acompanhantes enquanto duram as reuniões e debates focos do evento.

Nesse tipo de evento estão envolvidos vários tipos de serviços de alimentos e bebidas, e o traje correto deve respeitar à programação proposta pelos organizadores, podendo ser exigido traje esporte, *casual business* e passeio completo na duração do evento e dependendo da programação.

Convenção

A palavra convenção tem origem no latim *conventio* e significa uma ação na qual muitas pessoas com pontos de vista diferentes colaboram para chegar a uma mesma visão.

Reúne membros de determinada organização ou de representantes de organizações semelhantes para deliberar sobre assuntos de interesse comum. É uma atividade isolada, promovida por entidades políticas ou empresariais, para troca de experiência e informações, reciclagem, treinamento, com a intenção de entrosamento, sempre com temas de interesse comum ao grupo.

Nesse tipo de evento, durante as reuniões, não é necessário serviço de alimentos e bebidas. De modo geral, existe no espaço em que acontece o evento algum tipo de bebida ou de comida disponível aos participantes.

O traje é, usualmente, informal ou *casual business*, podendo em determinadas circunstâncias ser exigido o traje passeio.

Coquetéis

Têm como objetivo a reunião de um grupo de pessoas para apresentação de produtos, serviços, lançamentos e comemorações tanto de caráter profissional como social.

São eventos caracterizados pela curta duração (no máximo uma hora e trinta minutos) e por permitirem que os convidados permaneçam em pé enquanto acontece o evento. Evento aconselhado para lançamento de livros, inaugurações, premiações e abertura de eventos sociais, tais como casamentos e eventos correlatos.

A roupa usada pelos convidados dependerá do tipo de evento e se tem ou não continuação com um jantar solene ou, ainda, se o coquetel é o único serviço. Nesse tipo de evento, pode ser solicitado desde o traje esporte até o *black--tie* ou traje de gala.

Debate

Caracteriza-se por um tipo de reunião em que duas ou mais pessoas são convidadas para discutir, apresentar argumentos e contra-argumentos acerca de um tema de interesse da plateia. Evento muito utilizado pelos veículos de comunicação.

Esse tipo de evento obedece a certas regras conhecidas e tem no mediador a responsabilidade pela organização da temática e o comando das discussões.

Os debates políticos assistidos pela televisão ou ouvidos pelo rádio são exemplos da importância desse evento, porque permitem o levantamento de questões e propostas de campanhas que possibilita que se conheça melhor o candidato.

Dependendo da importância do debate, é provável o serviço de coquetel ao final da apresentação, e o traje deve variar de acordo com os interesses, entre esporte, *casual business* ou social.

Desfile

É um evento voltado para promover um determinado setor da moda, vestuário ou acessórios e tem como objetivo mostrar para determinado público o que foi produzido pela empresa fabricante do produto.

Hoje, mais do que nunca, os desfiles servem para dar ênfase ao que será usado e ao gosto popular em uma ou outra estação do ano. São comun, atualmente, em vários países, as Semanas de Moda, eventos em que acontecem vários desfiles num mesmo lugar e têm o intuito de promover os negócios relacionados ao setor.

Dependendo do formato e do que pretendem os organizadores do evento, o serviço de alimentos e bebidas pode acontecer antes ou depois do desfile, podendo variar na complexidade do que será oferecido. O traje, de modo geral, é esporte fino ou passeio.

Encontros

São eventos que têm duração variável e o número de pessoas é defenido de acordo com os interesses da organização. O objetivo é que os participantes discutam temas de interesse comum, tais como: vinhos, gastronomia, moda, saúde etc.

Como outros eventos, este não supõe serviço de alimentos e bebidas, não existindo também um traje predeterminado, embora, usualmente, as pessoas compareçam vestidas em traje esporte.

Entrevista coletiva

Este é um evento no qual uma pessoa de destaque atende à imprensa em conjunto, respondendo às perguntas de diversos veículos de comunicação. Recurso considerado importante para as organizações e para pessoas de expressão porque possibilita a divulgação de fatos ou de opiniões na mídia de forma dinâmica e com resultados bastante abrangentes.

Costuma ser organizada pelo encarregado da assessoria de imprensa, que, de acordo com o assunto, tem a responsabilidade de convidar os veículos de comunicação daquela determinada área de interesse.

Podem ocorrer no modelo presencial, em pequenos ambientes, com um número reduzido de repórteres, os quais podem fazer as perguntas que quiserem, em ordem aleatória; ou para uma plateia maior de jornalistas, com perguntas previamente enviadas para os organizadores do evento.

Há a possibilidade de a coletiva ser *on-line*, evento que vem ganhando espaço e tornando-se o tipo preferido de coletiva pelos repórteres, que, das redações, podem perguntar e receber as informações rapidamente; e dos clientes, que minimizam os gastos para receber os jornalistas.

No tipo presencial, entre outros preparativos, tais como a reserva do espaço adequado, *press kit* e outras providências ligadas diretamente à entrevista coletiva, espera-se que sejam servidos bebidas e sanduíches.

O traje correto para a coletiva vai depender do local, da hora e do tipo de coletiva que estará acontecendo, podendo ser necessário o uso do traje passeio ou até mesmo traje rigor, caso o evento ocorra na sede de governos, grandes premiações ou posses de autoridades.

Exposições

Evento em que pessoas, empresas ou organizações trabalham para a exibição ao público de objetos, produtos, projetos, instalações ou obras de arte, tendo em vista tornar público patrimônios artísticos, culturais, técnicos ou científicos.

Existem também exposições chamadas de mostras, as quais são itinerantes. Todas, exposições ou mostras, têm ou não objetivo mercadológico e, na organização, podem ser de pequena, média ou grande complexidade.

Para esse tipo de evento, dependendo do que se trata, é comum no dia da abertura da exposição ou da mostra que seja servido um coquetel como serviço de alimentos e bebidas.

O traje para a abertura desse tipo de evento varia entre esporte, *casual business* ou passeio, dependendo do tipo de exposição ou de mostra e do local em que acontece a abertura do evento.

Feira

Feira é um evento cujo objetivo principal é mercadológico. As feiras são importantes veículos de comunicação das empresas e servem para alavancar vendas de artesãos e de produtores.

Tem a função de ajudar a divulgar produtos e de ampliar mercado para os expositores. Para saber mais sobre o que é e como organizar uma feira, aconselhamos o *site* do SEBRAE,[19] que traz uma descrição importante para os que querem se aprofundar no assunto.

Nas feiras, o serviço de alimentos e bebidas é feito pelos estandes individualmente e de acordo com os interesses dos expositores.

O traje para esse tipo de evento é normalmente esporte, podendo variar no dia da abertura do evento em função do tipo de cerimonial, que poderá ser esporte, *casual business* ou passeio.

Fórum

Reunião caracterizada pelo debate de ideias e opiniões com a participação de um número limitado de pessoas, que discutem um tema único com a participação da plateia, que formula perguntas.

Esse tipo de evento, como outros, não supõe serviço de alimentos e bebidas, podendo, no início ou ao final, ser servidos água, café e, eventualmente, algum tipo de bebida alcoólica.

Da mesma forma, não existe traje predeterminado para esse tipo de evento, embora, normalmente, as pessoas compareçam vestidas em traje esporte.

Happy hour

Excelente evento para confraternização depois do trabalho ou mesmo para eventos sociais voltados para o público adulto e que queira conversar num ambiente descontraído.

Embora o *happy hour* aconteça, em geral, em bares ou hotéis, nada impede que possa ser realizado em casa particular, quando o evento tem um cunho social. Esse tipo de evento tem curta duração (uma hora e meia no máximo) e, de modo geral, costuma acontecer para pequenos grupos de convidados (no máximo 20 ou 30 pessoas).

O traje adequado para esse tipo de evento é esporte, *casual business* ou passeio, dependendo do local em que acontecerá, tanto para os homens como para as mulheres.

Inauguração

É uma cerimônia que tem como objetivo a apresentação, pela primeira vez ao público, de uma obra, um monumento, instituição, entidade, governo ou estabelecimento.

As inaugurações podem acontecer em recinto fechado ou aberto, para um número indeterminado de pessoas, seguidas de um ritual que culmina no descerramento de uma placa com os nomes dos envolvidos no que está sendo apresentado ao público ou com o corte da fita simbólica que marca o início das operações.

Esse evento pode ser seguido do serviço de alimentos e bebidas adequado ao porte e ao número de pessoas relacionadas ao evento, podendo ser coquetel, café da manhã, almoço ou jantar.

O traje vai depender do tipo de evento, podendo ser esporte, *casual business*, passeio, ou até mesmo rigor, se a situação assim o exigir.

Jornada

É um tipo de evento no qual acontecem vários encontros de grupos profissionais para a discussão periódica de assuntos de interesse comum. Costuma ser promovido por entidades de classe e podem durar de dois a mais dias.

Como outros eventos já vistos neste livro, este não supõe serviço de alimentos e bebidas, não existindo também um traje predeterminado.

Lançamento de pedra fundamental

Este é o nome que se dá à cerimônia simbólica de colocação do primeiro bloco de pedra de uma construção. Geralmente ligada a comemorações corporativas, a cerimônia tem origem num mito celta e maçônico, e significa o início efetivo de uma obra importante.

A cerimônia é realizada a partir de um bloco de pedra em que devem estar gravadas a data, a identificação do construtor, o nome da empresa e, eventualmente, da autoridade referência do futuro empreendimento. A pedra deve ser colocada, tradicionalmente, no canto nordeste da construção.

Como se trata de um marco inicial, costuma-se colocar uma urna enterrada no local, como uma cápsula do tempo, com as referências sobre o momento vivido pela organização, para servir como registro para as futuras gerações.

Por ocasião do jubileu de prata da construção ou qualquer outro momento que a organização considerar importante, a urna pode ser aberta para dar brilho à comemoração.

No lançamento da pedra fundamental pode-se ou não incluir serviço de alimentos e bebidas, dependendo das circunstâncias, e o traje correto vai depender do local e da natureza do evento, podendo ser esporte, *casual business* ou passeio.

Lançamento de produtos

Comemoração em que as empresas apresentam ao público um novo produto. Esse tipo de evento pode ser realizado na própria empresa, salão de festas, clubes ou hotéis.

Costuma fazer parte desse tipo de evento o serviço de alimentos e bebidas no formato que mais se adapte ao espírito da empresa e do produto, naturalmente.

Da mesma forma, o traje deve acompanhar o tipo de evento, podendo ser esporte ou *casual business*. Em raras ocasiões, o traje solicitado é o *black-tie*.

Leilões

É um processo licitatório em que um leiloeiro público coloca à venda qualquer tipo de bem que lhe for confiado por meio de contrato com autorização ou designado pelo Juízo.

O leilão tem como característica ser um evento público, em que o bem é colocado para apreciação dos presentes com antecedência e vendido por meio de pregão, em que o público oferece lances.

Nesse tipo de evento, o leiloeiro questiona os presentes sobre quem gostaria de oferecer um lace de maior valor. Depois de receber os lances, o bem é vendido pelo maior lance, e o público pode ser convidado pelos veículos de comunicação de massa.

Os leilões são usados para venda de coleções de arte, joias, imóveis, carros e até sucata. Dependendo da natureza e do local em que acontece o leilão, é comum o serviço de coquetel com bebidas alcoólicas.

O traje correto para esse tipo de evento vai depender do local em que acontece, podendo ser esporte, *casual business* ou passeio.

Mesa-redonda

A reunião com as características da mesa-redonda nasceu do conto mítico do rei Arthur e a Távola Redonda. A ideia era que o rei, para tratar seus cavaleiros com a mesma importância, criou a mesa redonda, para que todos pudessem ser vistos e ouvidos enquanto falassem.

Muito usada nos programas de rádio ou de televisão, esse tipo de reunião tem o caráter de manter a disciplina nas opiniões. Um moderador deve fazer a introdução do tema, determinar a ordem das exposições, além de apresentar os que vão expor os temas.

No caso de veículos de comunicação, é comum e solicitado pelo moderador que o público interaja com perguntas. Nesse tipo de evento, não é necessário serviço de alimentos e bebidas, e o traje dependerá do tipo de programa que está sendo apresentado, podendo ser esporte, *casual business* ou mesmo social.

Oficina

Esse tipo de evento, tal como outras modalidades, tem o caráter de formação dos participantes e espera-se que nele sejam criadas situações de socialização. É semelhante ao *workshop*, mas é um tipo de evento mais utilizado para a educação.

Não é esperado serviço de alimentos e bebidas para esse evento, além de, eventualmente, um café ou água. O traje usado é, em geral, o esporte.

Painel

O painel tem como característica a apresentação dos resultados de trabalhos realizados em torno de determinado tema. Costuma contar com diversas pessoas ou equipes que devem contrapor suas conclusões, para, com base em diferentes pontos de vista, complementarem suas conclusões ou se lançarem a novas perspectivas sobre o tema abordado.

Participam desse tipo de evento um orador e até quatro componentes, que se apresentam sob a coordenação de um moderador. Nessas ocasiões, não é necessário que se faça uso do serviço de alimentos e bebidas, e o traje é, de modo geral, informal ou *casual business*.

Palestra

É um evento no qual acontece uma apresentação oral sobre um tema predeterminado, cujo objetivo é provocar os participantes, propor novas ideias e estimular determinada ação.

As palestras têm em sua maioria o cunho educativo. A interação da plateia acontece, de modo geral, ao final da exposição do palestrante, com perguntas. Esse evento não pressupõe serviço de alimentos e bebidas em sua maioria, mas podem, no início ou ao final, ser servidos água, café e, eventualmente, algum tipo de bebida alcoólica.

Não existe traje predeterminado para esse tipo de evento, embora normalmente as pessoas compareçam vestidas em traje esporte.

Posse

É um evento no qual determinada pessoa recebe oficialmente um cargo para o qual foi eleito ou designado. A posse é uma cerimônia bastante comum depois de pleitos eleitorais, e o serviço de alimentos e bebidas vai depender da natureza e da complexidade do evento.

Na posse de presidente de um país, é comum que, depois da cerimônia, o presidente eleito receba autoridades do governo e estrangeiras para um coquetel seguido de jantar de gala, por exemplo.

Programa de visita

Evento em que uma empresa recebe um grupo de pessoas com o objetivo de divulgar ou apresentar alguma instalação, unidade ou atividade. Nesse tipo de atividade, pode ou não acontecer o serviço de alimentos e bebidas, e o traje é o adequado à visita.

Nas grandes empresas, é necessário que os visitantes se utilizem dos equipamentos de segurança para que as visitas possam acontecer.

Rodada de negócios

É um tipo de evento que coloca os interessados em contato direto com empresas ou pessoas de outros países, com a finalidade de gerar novas oportunidades de negócios ou parcerias.

Pode acontecer em hotéis ou na própria empresa e, caso seja feito uso do serviço de alimentos e bebidas, este deverá ser de coquetel, café da manhã ou *happy hour*.

O traje deve ser de acordo com o grupo que fará parte do evento, podendo estar entre esporte, *casual business* ou passeio.

Salão

Evento com características similares aos de uma feira, com o objetivo único de divulgação do que está exposto. Como nas feiras, para esse tipo de evento, dependendo do que se tratar, é comum no dia da abertura que seja servido um coquetel como serviço de alimentos e bebidas.

O traje para a sua abertura varia entre esporte, *casual business* ou passeio, dependendo do tipo de salão e do local em que acontece o evento.

Seminário

Evento em que se realiza a exposição oral de um tema ou assunto por várias pessoas de nível de conhecimento sobre o conteúdo equivalente e liderado por um especialista.

Nesse tipo de reunião, o assunto proposto pode ser distribuído para leitura dos participantes com antecedência, com a intenção de colaborar para que todos compreendam mais profundamente o assunto e para apoiar a organização dos conteúdos que serão trabalhados no seminário.

Esse evento passa por três fases distintas — exposição, discussão e conclusão. Usado com frequência em escolas e universidades.

Para um seminário, não há a necessidade de serviço de alimentos e bebidas, podendo, de acordo com as circunstâncias, ser servidos água, suco e café na entrada ou final da reunião. Não existe traje específico para esse tipo de evento.

Simpósio

É a reunião entre diversas pessoas para a apresentação de um tema, geralmente de caráter técnico ou científico, que seja de grande interesse – o tema é apresentado por especialistas de renome.

O objetivo principal é realizar um intercâmbio de informações. É um derivado da mesa-redonda e deve contar sempre com a presença de um coordenador.

No simpósio, os participantes não debatem entre si os temas apresentados e as perguntas, respostas e o próprio debate são efetuados no final, e diretamente aos participantes.

Esse tipo de evento não exige serviço de alimentos e bebidas, e o traje correto, de modo geral, é o esporte ou *casual business*, entendendo que, dependendo da natureza do simpósio, pode ser mais adequado o traje passeio.

Torneio

O torneio era uma atividade coletiva que teve início no século XII. Era uma competição que durava vários dias e na qual dois grandes grupos – formados por cavaleiros, escudeiros, arqueiros e infantes – disputavam, num determinado espaço, várias modalidades de ataques, emboscadas e simulações de fugas.

Os torneios eram tão violentos que, sob a pressão da igreja, a partir do século XIII, foi criada a *Tregua Dei* (Trégua de Deus),[20] em que os certames eram proibidos de acontecer de quinta a domingo e nos dias santos.

Esse tipo de competição evoluiu muito e, atualmente, embora mantenha as mesmas características, teoricamente, não inclui qualquer tipo de violência.

Os torneios podem ser de cunho esportivo ou cultural e, de modo geral, têm regras bastante complexas, as quais os competidores devem seguir para poder alcançar o direito à premiação.

Nos torneios não é esperado o serviço de alimentos e bebidas, e o traje correto vai depender das suas características, podendo ser esporte, *casual business* ou passeio.

Visita empresarial oficial ou open day

É um tipo de evento realizado nas dependências de empresa e caracteriza-se pela apresentação desta para um público predeterminado. Nesse evento, os convidados são levados a conhecer o interior da organização e recebem, por meio de guias designadas, as orientações sobre as diretrizes do funcionamento da empresa.

A visita pode ser seguida de serviço de alimentos e bebidas, tais como café da manhã, almoço ou *coffe break*, e o traje dependerá do tipo de visita e dos anfitriões, podendo acontecer em traje esporte, *casual business* ou social.

Workshop

É um evento de caráter corporativo, em que um grupo de pessoas se reúne em torno de um ou mais assuntos que sejam de interesse para todos. No *workshop*, a plateia é convocada a participar do evento ativamente por meio de exercícios e debates, e não apenas como ouvinte.

Tem caráter mais prático de exposição ou mostra de trabalhos, podendo ser realizado em locais diferentes, de acordo com as intenções dos organizadores, tais como em fazendas, estâncias ou mesmo na própria empresa.

Nesse tipo de evento, espera-se que sejam servidos alimentos e bebidas adequados à ocasião, podendo ser desde café da manhã, *coffe break*, a um almoço completo ou jantar.

O traje deve ser estipulado pelos organizadores, podendo ser esporte, *casual business* ou social.

27. Tipos de serviços

À francesa

Na segunda metade do século XIX, as reuniões para o jantar atingiram a sua apoteose e eram consideradas um privilégio para as pessoas com alto grau de cultura e civilização. Nessa época, oferecer um jantar era o caminho direto para alcançar o direito a ingressar no topo da sociedade.

No final do século XVIII, o jantar à francesa não era como hoje: o serviço era apresentado num grande número de travessas, molheiras, recipientes que acomodavam grande variedade de comidas, mas os comensais serviam-se do que estava à disposição, ajudados pelos lacaios.

Nessa época, a simetria entre o que era servido, a louça, os utensílios e o serviço precisavam ser coordenados e perfeitos, e havia uma regra de que o número de pratos que deveria constar de uma mesa elegante deveria ser multiplicado por 12, de acordo com o número de convidados, como conta Roy Strong em seu livro *Banquete*.[21]

Não era difícil, nessa época, que sobre a mesa pudessem ser contados mais de cem pratos entre comidas e de louças usadas para esse tipo de serviço.

Em 1800, de acordo com a história, pratos, copos, taças, flores e recipientes sobre a mesa eram em tal quantidade que era praticamente impossível que um convidado desse conta de perceber tudo o que estava disponível para apreciar, comer ou beber.

Hoje, o custo de um serviço à francesa pode aumentar em muito as despesas com o que chamamos de "brigada de salão" (pessoal qu trabalha para atender convidados: hostess, maître, garçom e outros), porque é necessário um garçom para cada seis ou oito convidados e muito mais tempo para a realização do serviço.

No serviço à francesa, o prato é apresentado pelo garçom pelo lado esquerdo, com os cabos dos talheres voltados para o convidado; o comensal, a seu gosto, é quem se serve, entre o que está oferecido na travessa.

À inglesa

O serviço à inglesa remonta à história do século XVIII, em que era comum nos grandes jantares que os convidados, ao chegarem, se deparassem com a mesa em que seria servida a refeição lotada de pratos de comida, como foi dito sobre o serviço à francesa.

A sopa e o assado eram colocados nos pratos, para cada um dos convidados, pelos anfitriões, e servidos pelos lacaios; os acompanhamentos e outras iguarias ficavam disponíveis na mesa para que os convidados se servissem.

Hoje, pela rapidez e praticidade, esse tipo de serviço é adotado em restaurantes, entre eles, churrascarias. Nele, as guarnições vêm servidas individualmente nos pratos e somente o prato principal é passado entre os convidados, podendo acontecer em duas modalidades:

- à inglesa direto – o alimento é servido pelo garçom em travessas pelo lado esquerdo. Neste caso o garçom serve o convidado;
- à inglesa indireto – para esse serviço, a arrumação da mesa pode se limitar aos talheres, copos e guardanapos. O prato principal fica numa mesinha auxiliar ou *guéridon*, ao lado da mesa, onde é preparado pelo garçom para o serviço. Esse serviço exige dois garçons e o prato é colocado pela direita do convidado.

À russa

Foi em 1810, numa recepção que aconteceu em Clichy, cidade próxima a Paris, que um diplomata russo, o príncipe Borisovitch Kourakine,[22] inovou o serviço de jantar servindo seus convidados à *la russe*.

Ao chegarem à recepção, os convidados foram surpreendidos pela mesa praticamente vazia, arrumada somente com toalha, guardanapos, pratos, talheres, copos e apenas alguns enfeites no centro da mesa, como castiçais e alguns arranjos de flores artificiais, porque, até meados do século XIX, as pessoas acreditavam que o cheiro das flores prejudicava o paladar das comidas.

A surpresa continuou: para o serviço dos pratos preparados e trinchados pelos lacaios, em mesas laterais, e depois apresentados a cada um dos convidados numa travessa com tudo preparado, as carnes fatiadas e as guarnições e molhos apropriados e combinados prontos e quentes, para que os convidados se servissem.

A novidade ganhou adeptos e, em pouquíssimo tempo, espalhou-se por toda a Europa Ocidental e passou a ser usada nos jantares em casa de famílias.

Hoje, esse tipo de serviço consiste em apresentar ao cliente peças inteiras de carnes colocadas em carros de quentes ou em travessas bem decoradas. As peças são trinchadas em frente ao cliente, para ser colocadas no prato do comensal pelo seu lado direito. Nota: esse tipo de serviço é raro pelo tempo necessário para que ocorra.

À norte-americana ou empratado

Mesmo sendo considerado um serviço informal, a refeição servida à norte-americana, ou empratada, é tão elegante quanto qualquer outro serviço de mesa.

Usado na maioria dos restaurantes nos dias de hoje pela rapidez e agilidade no serviço, o empratado ou serviço à norte-americana exige talento dos *chefs* de cozinha na atenção para com a estética na apresentação dos pratos.

Em função das novas exigências do mercado voltado para a área de gastronomia, os desenhos, as cores e o formato da louça, dos copos e dos talheres também ganharam espaço na preocupação dos donos de restaurantes e dos comensais.

Como se trata de um serviço prático e que exige número menor de garçons, a elegância e a destreza para esse tipo de serviço cresceram de importância, exigindo cada vez mais dos profissionais que o executam.

Buffet

Para esse tipo de serviço, é utilizado um aparador, daí o nome *buffet*, no qual as travessas com os vários tipos de comida são expostas para os convidados se servirem, observando-se uma sequência na arrumação.

Guardanapos, pratos e talheres ficam disponibilizados para os comensais perto do *buffet*. O cardápio deve ser prático, com carnes previamente cortadas, frangos desossados e pratos servidos em terrinas e mantidos quentes sobre o *réchaud*.*

---

* *Réchaud* – espécie de fogareiro de metal, em prata ou inox, usado para manter aquecida a comida, flambar sobremesas ou até preparar pratos ligeiros na frente do cliente.

28. Etiqueta nos restaurantes

Gastronomia e etiqueta: uma parceria imprescindível

Não é de hoje que gastronomia e etiqueta são companheiras inseparáveis. Na corte de Luís XIV, da França, como sabemos, os bons modos à mesa eram tão rígidos e complexos que dificilmente uma pessoa comum conseguiria se sair bem durante uma refeição.

Os tempos mudaram, e o que é considerado bons modos à mesa tornou-se mais flexível e palpável. Mesmo assim, com o aprimoramento da gastronomia e da enologia, a atenção para o comportamento durante a refeição tem-se mostrado um aliado para que se aprecie uma boa mesa.

Se pensarmos bem, os bons modos tornam o ato de compartilhar a refeição um momento cheio de prazeres e que envolve todos os sentidos humanos.

De nada adianta uma mesa bem posta, comidas e bebidas refinadas, se faltar o mínimo de refinamento entre os comensais. Afinal, para que se aprecie sem reservas os detalhes que envolvem a comensalidade,* é preciso também saber se comportar.

Para isso, algumas regras de etiqueta nunca são demais e, ao contrário do que muitos pensam, estão longe de serem bobas ou próprias de gente pedante. Servem, sim, para tornar o convívio mais agradável e para aumentar ainda mais o prazer de uma refeição.

Pensando nisso, selecionamos algumas regras que nunca caem em desuso:

- homens e mulheres devem sentar-se alternados à mesa. Um hábito que vem da corte de Luís XIV e que continua em uso nas mesas elegantes. Este expediente faz que a conversa seja diversificada e interessante, além de evitar que se formem os conhecidos clubes do Bolinha e da Luluzinha;
- para que se aprecie uma boa refeição, é preciso também um bom papo. Conversar com as três pessoas que estão a sua frente e com as que estão ao lado mostra refinamento e atenção;
- os homens devem levantar-se sempre que uma mulher chega para cumprimentar os que estão sentados e só volta a sentar-se quando

---

* Comensalidade – Comer em companhia de outras pessoas.

esta se afasta. O mesmo deve acontecer quando alguma mulher sentada à mesa levanta-se para ir ao banheiro;

- com a emancipação feminina, é conveniente que os homens se acostumem a compartilhar a escolha do vinho que será servido. Não é raro encontrar mulheres que têm, também, exigências apuradas para a bebida;
- sair em grupo de amigos ou com casais exige certos cuidados com o que vai ser pedido para comer e beber. Pedir o prato ou a bebida mais cara, e além do necessário, pode ser visto como desrespeito. Todo mundo tem uma história na qual foi vítima de abuso e teve de morrer com uma conta que não era esperada;
- cortar o pãozinho com a faca ou fazer sanduíches com as pastinhas do *couvert* não é nada elegante. O pão deve ser partido em pequenos pedaços com as mãos, e a manteiga ou pastas, passadas nos pedaços; um de cada vez;
- choramingar por uma porção caprichada ou perguntar para o garçom quantos camarões vêm no prato pode não ser bem-visto. Além de, eventualmente, constranger os que compartilham a mesa, o resultado pode ser acabar dando com os burros n'água. Afinal, de chorinho em chorinho, o resultado financeiro de um restaurante muito generoso vai por água abaixo.

Desenvolver um senso apurado para a gastronomia e a enologia exige, além do apreço e dos cuidados com o preparo e a degustação dos pratos e das bebidas que são oferecidos, bons modos.

Clientes e brigada de salão: uma parceria que precisa ser respeitada

A maioria dos frequentadores de restaurantes ou de qualquer vivência que envolva o serviço de garçons nem se lembra que existem regras de etiqueta que devem ser observadas para que a brigada de salão* desempenhe com competência o serviço para o qual foi contratada e treinada.

Para os que gostam de um bom atendimento, seguem algumas dicas que colaboram para uma experiência gastronômica realmente inesquecível. Afinal,

---

* Brigada de salão — chamada também de brigada de serviço, é formada por todos os que trabalham no salão do restaurante (*maître*, garçom e outros), atendendo diretamente ao cliente.

clientes e equipe de salão formam, mesmo que por um curto espaço de tempo, uma parceria que precisa de equilíbrio e de sabedoria para o sucesso da relação:

- *hostess*, *maîtres* e garçons devem cumprimentar com simpatia a todos os clientes, mas não se deve esperar grande entusiasmo por parte deles. A discrição e certa distância fazem parte do bom atendimento, principalmente nos restaurantes mais sofisticados. Aperto de mão, somente se for uma iniciativa do cliente;

- apresentar-se vestido adequadamente é a garantia de ser bem recebido nos restaurantes. Para a brigada de salão, é deplorável ter de explicar que a entrada é vetada a pessoas usando chinelos ou bermudas. Os restaurantes que ainda exigem paletó e gravata dispõem de vários itens dessas peças para evitar que os clientes tenham de voltar para casa. No filme "Melhor é impossível",[23] o personagem vivido pelo ator Jack Nicholson é barrado na entrada do restaurante por não estar usando terno e gravata. Para conseguir jantar, o personagem é obrigado a usar uma das gravatas disponibilizadas pelo restaurante;

- o *maître* e os garçons devem ajudar os clientes a se acomodarem, mas precisam de colaboração. Quando os clientes ficam em pé, conversando no meio do salão, ou demoram a decidir sobre a disposição dos lugares à mesa acabam atrapalhando o desenvolvimento do serviço em outras mesas;

- os garçons devem ajudar as mulheres a sentarem-se, mas precisam que estas entendam o sinal de ter a cadeira puxada para logo se acomodarem. As mulheres deverão sentar-se de frente para o salão e os homens, de costas. Dizem as más-línguas que, no tempo das diligências, os homens ficavam assim sentados para, em casos de agressão, protegerem com o corpo suas amadas. Nos dias de hoje, os hábitos são mais flexíveis, e alguns clientes preferem que suas companheiras sentem-se ao contrário, uma forma segura de receberem toda a atenção;

- quando pequenas, as bolsas podem ser penduradas no espaldar da cadeira. Pastas, pacotes ou bolsas grandes serão acomodados pelos garçons, que deverão colocá-los próximos dos comensais;

- depois de sentado, o cliente deve colocar o guardanapo no colo, mas não será considerado pecado, em situações mais descontraídas, pendurar o guardanapo no colarinho ou próximo do pescoço para proteger a gravata.

Caso o cliente esqueça de colocar o guardanapo no colo, o garçom, atento, pode oferecer outro num prato;

- decidir o que comer nem sempre é uma tarefa fácil, principalmente quando se tem muitas opções. Assim, pedir algumas explicações sobre o cardápio é esperado, mas muita indecisão pode atrapalhar o atendimento;

- os restaurantes são excelentes locais para fazer negócios, contar fofocas ou fazer confidências. Mas, caso o assunto seja reservado, o melhor a fazer é parar de falar enquanto a comida estiver sendo servida. Os bons atendentes são treinados para serem discretos e fingirem-se de cegos e surdos;

- se as mesas dos restaurantes falassem, teriam um monte de histórias sobre comidas, vinhos e cafezinhos derramados por esbarrões que acontecem durante o serviço. Prestar atenção e ajudar o garçom enquanto estiver sendo servido é a garantia para não acabar sujando a roupa, a toalha ou a mesa;

- agradecer em voz baixa e de forma discreta cada passo do serviço é uma delicadeza sempre bem-vinda pela equipe de atendimento;

- os garçons são treinados para interpretar os sinais que são passados por meio da disposição dos talheres. Assim, se estiverem paralelos em cima do prato, é sinal de que se está satisfeito. Da mesma forma, caso o guardanapo caia no chão, não há necessidade de o cliente se abaixar para pegá-lo. Teoricamente, alguém do atendimento vai apressar-se para que outro guardanapo seja reposto;

- crianças são sempre um caso à parte; se educadas, são um verdadeiro delírio para a alma e ótimas companhias. Caso contrário, dependendo do restaurante, é melhor deixá-las em casa. Não existe nada mais tenebroso para um estabelecimento que deseja prestar um excelente serviço do que receber crianças sem limites;

- ao final da refeição, a conta será apresentada para o cliente, depois de verificada pela pessoa responsável pelo serviço, e deverá ser colocada próxima a um dos comensais ou de quem comanda a mesa;

- na presença de um casal em que a mulher insista em dividir a conta, esta será colocada no meio da mesa. Um gesto simples, que evita maiores confusões para o pessoal do salão. O mesmo acontece em mesas de amigos, homens e mulheres.

29. Quebrando o protocolo

Quebrar o protocolo é passar por cima da ordem prevista no cerimonial de um determinado evento. Algumas autoridades, em eventos oficiais, para burlar as regras rígidas do cerimonial, aproveitam para fazer o que não está previsto, quebrando o protocolo.

Em alguns casos, a quebra de protocolo é para fazer graça ou até para brincar com o pessoal do cerimonial, que, via de regra, é surpreendido pela mudança de atitude e precisa agir rápido para contornar a situação.

Exemplos de quebra de protocolo não faltam; uma delas aconteceu em 2008, quando o príncipe Naruhito, herdeiro do trono do Japão, visitou o Brasil para as comemorações do centenário da imigração japonesa.

Para a ocasião, o grupo responsável do Itamaraty recebeu instruções rígidas do pessoal encarregado do cerimonial do príncipe sobre o que poderia ou não ser feito durante a visita do herdeiro do trono japonês.

Entre as recomendações, estava que ninguém olhasse o príncipe nos olhos ou tentasse cumprimentá-lo com um aperto de mão, regras do protocolo japonês. Mas, para a admiração de todos, o príncipe quebrou o protocolo, chegou todo sorridente, estendeu a mão e cumprimentou o presidente Lula e a dona Marisa efusivamente.

O episódio causou surpresa a todos os envolvidos, inclusive na comitiva do príncipe, e despertou muita simpatia pelo mundo todo, tão logo a notícia foi divulgada.

A bandeira olímpica também não foi poupada da quebra de protocolo. Em 2012, ao ser levada pelo governador do Rio de Janeiro, ao Complexo do Alemão, na zona norte do estado, para ser vista pela população, foi tocada por vários estudantes ali presentes sem uma luva, como exige o protocolo, indo contra as regras do Comitê Olímpico Internacional (COI).

O episódio rendeu 210 mil citações entre artigos sobre a quebra do protocolo Olímpico e reportagens sobre o acontecimento na imprensa pelo mundo todo. Isso porque, de acordo com o protocolo da bandeira Olímpica, estabelecido pelo COI, o símbolo feito de seda não deve ser tocado sem o uso de luvas. O episódio rendeu sérias críticas ao governador pelo desrespeito às regras estabelecidas pelo Comitê.

Está claro que existem muitas maneiras de quebrar o protocolo estabelecido nas cerimônias. Algumas vezes, a quebra de protocolo funciona como um gesto de simpatia e de aproximação da autoridade em questão com os presentes ao evento.

O Papa Francisco, desde o início do seu pontificado, foi considerado um verdadeiro mestre na quebra dos protocolos nas cerimônias realizadas pelo Vaticano. O hábito de surpreender a todos os encarregados do protocolo tornou-se uma prática do dia a dia para os cerimonialistas do Vaticano.

O Papa quebrou o protocolo ao final de uma audiência, assinando o gesso de uma menina que tinha a perna quebrada, lavou os pés de detentos na cerimônia do lava-pés, dispensou o trono e o crucifixo numa visita, entre outras alterações no que era esperado, gerando em todas as circunstâncias citadas grande simpatia entre os presentes.

Mas, dependendo da regra quebrada, a atitude, mesmo que simpática, pode dificultar a organização da cerimônia em vários aspectos, inclusive no que diz respeito à segurança dos envolvidos, como fez o Papa Francisco no dia da sua posse. Na ocasião, o papa deixou o cortejo planejado para a sua segurança com o intuito de cumprimentar, beijar e abençoar uma pessoa doente que estava entre os fiéis.

O episódio, facilmente encontrado na internet, apesar de muito comovente, causou o maior transtorno para a segurança, uma vez que o pontífice estava em carro aberto e com a sua exposição física no limite do aceitável para uma pessoa com a sua notoriedade.

30. Símbolos nacionais

Mesmo para os que têm pouca ou nenhuma oportunidade de entrar em contato com eventos do governo federal, estadual ou municipal e com eventos corporativos, entender sobre os Símbolos Nacionais e sua importância nunca é demais.

Os Símbolos Nacionais são representações da Pátria e servem para expressar a independência e o espírito cívico de um povo e também da Nação.

Os nossos símbolos nacionais[24] são regulamentados pela Lei nº 5.700/1971, juntamente com as alterações dadas pela Lei nº 8.421/1992, e definidos no parágrafo 1º do artigo 13 da Constituição Federal, promulgada em 5 de outubro de 1988. São eles:

1. Bandeira Nacional
2. Hino Nacional
3. Armas Nacionais
4. Selo Nacional

Bandeira

Não faltam ocasiões no âmbito profissional em que o hasteamento ou a disposição de bandeiras em palcos ou em mastros tornam-se necessários. Em congressos, inaugurações e recepções oficiais do governo ou corporativos, é comum que se tenham as bandeiras do Brasil, do estado e da empresa que oferece o evento hasteadas.

Saber como expô-las corretamente é de fundamental importância, uma vez que a disposição das bandeiras em palcos ou em mastros, assim como seu tamanho, estão regulamentados por lei.

Muitas vezes, a exibição incorreta da Bandeira Nacional, por desconhecimento ou por qualquer outro motivo, pode causar constrangimento para os responsáveis pela organização do evento. Dessa forma, aconselha-se a colocação da bandeira com cuidado e pesquisa sobre seu correto posicionamento antes de exibi-la.

Detalhes sobre a Bandeira Nacional

- A Bandeira Nacional não tem avesso e deve ser comprada em lojas que tenham a certificação do governo.
- Existem vários tipos de bandeiras para diferentes finalidades: bandeira, bandeirola, estandarte, flâmula, lábaro, pavilhão, pendão, entre outras.
- São 13 tamanhos possíveis de bandeira: de 0,27 m x 0,40 m, até 4,50 m x 6,43 m, e cada tamanho deve ser adequado ao mastro ou estandarte em que será exibida.
- Pode ser usada em todas as manifestações de caráter patriótico de cunho oficial ou particular, como, por exemplo, em eventos corporativos.

Detalhes sobre o hasteamento da Bandeira Nacional

- Pode ser hasteada em: mastros e adriças (cabos em que se içam bandeiras), em prédios, templos, campos de esportes, escritórios, salas de aula, auditórios, embarcações, ruas e praças, desde que sejam exibidas com o respeito que lhe é devido.[25]
- Pode ser apresentada distendida sem mastro na fachada de prédios, presa sobre paredes ou presa com cabo entre dois prédios.
- Pode ser reproduzida sobre paredes, tetos, vidraças, veículos e aeronaves.[26]
- Pode ser usada distendida sobre o caixão, até o momento do sepultamento.
- O hasteamento da Bandeira Nacional é obrigatório: em dias de festa ou de luto oficial em todas as repartições públicas, estabelecimentos de ensino e sindicatos.
- Nas escolas públicas e particulares, é obrigatório o hasteamento da Bandeira Nacional durante o ano letivo, pelo menos uma vez por semana.
- Dia 19 de novembro é o dia da Bandeira Nacional, e seu hasteamento se dá às 12 horas, com solenidade especial.
- Pode ser hasteada e arriada a qualquer hora do dia e da noite.

- Para que a Bandeira Nacional fique hasteada durante a noite, é imprescindível que esteja iluminada.
- Quando hasteada ou arriada simultaneamente com outras bandeiras, a Bandeira Nacional deve ser a primeira a chegar no topo e a última a descer.

Detalhes sobre a posição da Bandeira Nacional

- A Bandeira Nacional ocupa sempre o lugar de honra.
- Deve ser colocada na posição central ou mais próxima do centro no local onde será exibida.
- Ao ser levada em desfile, deve estar na frente de outras bandeiras.
- Deve ser colocada à esquerda de quem olha da plateia para o palco ao lado de tribunas, púlpitos, mesas de reunião ou de trabalho.
- Se for colocada juntamente com as bandeiras do estado e da empresa, deverá estar no meio, entre as bandeiras, e a ordem de colocação será: Nacional no centro, estado à esquerda de quem olha da plateia e a da empresa à direita de quem está na plateia.
- Se exibida juntamente com uma de estado, a posição da Bandeira Nacional deve ser à direita e, a do estado, à esquerda de quem está sentado na plateia.
- Quando for disposta com as bandeiras de outros países, deve ocupar o lugar central, ladeada pelas outras bandeiras, que deverão seguir a ordem alfabética dos países visitantes, pelo idioma do anfitrião. Assim, se num evento as bandeiras de Brasil, Portugal e Estados Unidos estiverem num palco, a ordem deverá ser a seguinte: Brasil no meio, Portugal à direita de quem olha da plateia para o palco e Estados Unidos à esquerda de quem está sentado na plateia.

O que é considerado desrespeito à Bandeira Nacional e sujeito a penalidades

- Apresentá-la em mau estado de conservação. Caso a bandeira esteja puída ou rasgada, deve ser entregue numa Unidade Militar (quartel) para ser incinerada no Dia da Bandeira.

- Mudar a forma, a cor, as proporções ou acrescentar algum detalhe.
- Usá-la em roupas, guardanapos, toalhas, revestimentos de tribuna, cobertura de placas.

Detalhes sobre o Hino Nacional

- A composição musical do Hino Nacional é do maestro Francisco Manuel da Silva e foi executada durante quase um século sem ter uma letra oficial. O poema escrito por Joaquim Osório Duque Estrada só se tornou a letra oficial do Hino Nacional Brasileiro em 6 de setembro de 1922, quando o presidente Epitácio Pessoa oficializou a letra pelo Decreto nº 15.671.[27]
- É facultativa a execução do Hino Nacional na abertura de sessões cívicas, cerimônias religiosas e que associe sentido patriótico, no início e no fim de transmissões diárias de rádio e televisão, ou em ocasiões festivas.
- Nas cerimônias em que deverão ser executados hinos estrangeiros, estes devem preceder o Hino Nacional.
- Quando o Hino Nacional tiver a sua execução apenas instrumental, deve ser tocada a música integralmente, mas sem repetições. Quando a execução for acompanhada de canto, deverão ser cantadas as duas partes do poema.

No que diz respeito à execução do Hino Nacional, o que não faltam são episódios que pairam entre o dramático e o cômico. Entre eles, numa cerimônia de entrega de medalhas com cerca de 600 convidados presentes, a execução do Hino Nacional podia ser acompanhada com a letra da música mostrada em um telão situado em frente à plateia, sobre os músicos.

Empolgados com o ato cívico, todos os presentes davam o melhor de suas vozes, cantando uníssonos o Hino, até que, em certo momento da música, acabou a força e a letra desapareceu da tela como por encanto, deixando todos sem a guia.

Mas brasileiro é mesmo um povo criativo, e os que sabiam cantar o Hino seguiram empolgados, enquanto os outros acompanharam os que cantavam com "la, la, la, lala", no ritmo da música.

Em 2009, uma ex-cantora da jovem guarda protagonizou um espetáculo insólito ao cantar o Hino Nacional durante um evento. Quando estava na quinta estrofe do hino, a cantora, em vez de cantar "és belo, és forte, impávido colosso", cantou "és belo, és forte, és risonho e límpido", palavras que fazem parte da estrofe anterior. Na tentativa de disfarçar e consertar o erro, a cantora repetiu algumas estrofes e acabou saindo do ritmo.

Ao ser percebido o erro, os presentes na cerimônia passaram a aplaudir a cantora antes que o Hino terminasse, numa tentativa de ajudá-la a encerrar a apresentação. Mas não deu certo; a cantora continuou cantando fora do ritmo até que o mestre de cerimônia a interrompesse com os agradecimentos.

Aplausos

Um tema bastante polêmico é se, ao final do Hino Nacional, se deve ou não aplaudir. Quem assim o faz pode ficar tranquilo, pois, no parágrafo único do artigo 30 da Lei nº 5.700, de 1º de setembro de 1971, passou a vigorar a seguinte citação: "Parágrafo único. É permitida a saudação em palmas como forma de homenagear os Símbolos Nacionais, após a execução do Hino". Assim posto, se estiver num evento em que o Hino foi executado e ficou com vontade de aplaudir, não se acanhe.

Aplaudir uma apresentação ou uma pessoa é uma forma simpática de mostrar o quanto se aprecia ou apreciou o que foi dito, mostrado ou o quanto uma determinada pessoa nos é especial.

Porém, é preciso que o aplauso seja um ato espontâneo e que parta da plateia, sendo considerado muito deselegante solicitar para que as pessoas o façam.

Aplaudir no momento errado é muito comum nas apresentações de piano ou de orquestras. Mas o amigo e pianista José Mauro Peixoto dá algumas indicações sobre o momento certo para os aplausos, entre eles:

- contar quantos movimentos tem o que está sendo executado; para saber, é só consultar o programa distribuído logo na entrada da sala de espetáculo;

- prestar atenção, no momento em que a música cessa, se o pianista relaxa por mais tempo;
- quando o pianista coloca as mãos sobre os joelhos e descansa.

Estes são alguns dos sinais que podem ajudar para que se reconheça quando uma apresentação chegou de fato ao seu final e é o momento certo de aplaudir.

Selo Nacional

O Selo Nacional, instituído pelo Decreto nº 4, de 19 de novembro de 1889[28], é utilizado para autenticar os atos de governo, bem como diplomas e certificados que são expedidos pelos estabelecimentos de ensino ou reconhecidos, na forma de legislação.

Armas Nacionais ou Brasão

As Armas Nacionais ou Brasão foram instituídos pelo Decreto nº 4, de 19 de novembro de 1889, e devem obedecer à proporção determinada em lei. O Brasão é constituído por um escudo redondo, pousado em uma estrela de cinco pontas, com o Cruzeiro do Sul ao centro e sobre uma espada. Possui um ramo de café à direita e um ramo de fumo à esquerda. Numa

30. Símbolos nacionais

faixa sobre a espada, no centro, estão as legendas: centralizado, "República Federativa do Brasil", à direita, "15 de novembro", à esquerda, "de 1889".

O uso do Brasão é obrigatório nos edifícios-sede dos poderes Executivo, Legislativo e Judiciário da União, estados, Distrito Federal e municípios. Também é obrigatório nos quartéis militares e policiais, bem como nos papéis de expediente, convites e publicações oficiais de cunho federal.

Referências bibliográficas

1. REGO, A.; CUNHA, M. P. *Manual de gestão transcultural de recursos humanos*. Lisboa: RH, 2009.
2. SANTAELLA, L. *Culturas e artes do pós-humano: da cultura das mídias à cibercultura*. São Paulo: Paulus, 2003.
3. O EXÓTICO hotel Marigold. Produtora: Blueprint Pictures. Direção: John Madden. Produção: Graham Broadbent, Peter Czernin, Sarah Harvey, Caroline Hewitt, Jonathan King, Pravesh Sahni, Jeff Skoll, Ricky Strauss. Locais: Inglaterra, EUA, Emirados Árabes. 2011. 124 min.
4. SEX and the city 2. Produtora: New Line Cinema, Home Box Office, HBO Films, Village Roadshow Pictures. Direção: Michael Patrick King. Produção: Zakaria Alaoui, Richard Brener, Eric M. Cyphers, Toby Emmerich, Michael Patrick King, John P. Melfi, Sarah Jessica Parker, Tiffany Hayzlett Parker, Melinda Relyea, Darren Star, Marcus Viscidi. Local: EUA. 2010. 146 min.
5. CASAMENTO grego. Produtora: Big Wedding LLC, Gold Circle Films, Home Box Office, MPH Entertainment Productions, Ontario Film Development Corporation, Playtone. Direção: Joel Zwick. Produção: Paul Brooks, David Coatsworth, Gary Goetzman, Tom Hanks, Mark Hufnail, Jim Milio, Melissa Jo Peltier, Steven Shareshian, Norm Waitt, Rita Wilson. Local: EUA, Canadá. 2002. 95 min.
6. REGO, A.; CUNHA, M. P. *Manual de gestão transcultural de recursos humanos*. Lisboa: HR, 2009. p. 52.
7. Adaptado de: CHU, Yu-Kuang. *Learning about peoples and culture*. Peoples and Cultures Series. Textbook and A Guide for Teachers. Fersh, Seymour, Ed. 1989, McDougal, Littell & Company; Chapter 8: Six Suggestions for Learning about Peoples and Cultures.
8. FRANCO, A. *Do caçador ao gourmet*. Sao Paulo: SENAC, 2001.
9. HAMMITZSCH, H. *O zen na arte da cerimônia do chá*. São Paulo: Pensamento, 1993.
10. ELIAS, N. *A sociedade de corte*: investigação sobre a sociologia da realeza e da aristocracia de corte. Rio de Janeiro: Zahar, 2001. p. 102.
11. Idem, p. 99.
12. Idem, p. 132-133.
13. WEBER, C. *Rainha da moda*: como Maria Antonieta se vestiu para a revolução. Rio de Janeiro: Zahar, 2006.
14. QUEIROZ, E. *O mandarim*. Campinas: Kromedi, 2008. p. 64-65.
15. DEMARAIS, A.; WHITE, V. *A primeira impressão é a que fica*. Rio de Janeiro: Sextante, 2005. p. 64.

16. MEIRELLES, G. F. *Protocolo e cerimonial*: normas, ritos e pompa. São Paulo: Ômega, 2001. p. 12 e 18.
17. Idem, p. 12 e 18.
18. MOELLWALD, H.; MOELLWALD, L. *Competência social*: mais que etiqueta, uma questão de atitude. São Paulo: Cengage Learning, 2009. p. 15.
19. Manual de Feiras e Exposições do SEBRAE. Disponível em: <http://www.biblioteca.sebrae.com.br/bds/BDS.nsf/2CEC7501C11CC400832573E0005C945F/$File/NT000374AE.pdf>. Acesso em:16 nov. 2013.
20. CARDINI, F. O guerreiro e o cavaleiro. In: LE GOFF, Jacques. *O homem medieval*. Lisboa: Editorial Presença, 1989. p. 57-78.
21. STRONG, R. C. *Banquete*: uma história ilustrada dos costumes e da fartura à mesa. Rio de Janeiro: Jorge Zahar, 2004. p. 250.
22. Idem, p. 153.
23. MELHOR é impossível. Produtora: TriStar Pictures, Gracie Films. Direção: James L. Brooks. Produção: James L. Brooks, Bridget Johnson, Maria Kavanaugh, Laurence Mark, Richard Marks, Aldric Porter, Richard Sakai, John D. Schofield, Owen Wilson, Kristi Zea, Laura Ziskin. Local: EUA, 1997. 139 min.
24. MEIRELLES, G. F. *Protocolo e cerimonial*: normas, ritos e pompas. São Paulo: Ômega, 2001. p. 141.
25. Idem, p. 147.
26. Idem, p. 148.
27. BRASIL. Decreto Nº 16.751, DE 31 DE DEZEMBRO DE 1924., Põe em execução o Codigo do Processo Penal no Distrito Federal. Diário Oficial [da] União, Brasília, DF, 5.2.1924. Disponível em: <http://www.planalto.gov.br/ccivil_03/decreto/1910-929/D16751.htm.> Acesso em: 20 jan. 2014.
28. BRASIL. Decreto Nº 4, DE 19 DE NOVEMBRO DE 1889., Estabelece os distinctivos da bandeira e das armas nacionais, e dos sellos e sinetes da Republica. Diário Oficial [da] União, Rio de Janeiro, RJ, 19.11.1889. Disponível em: <http://www.planalto.gov.br/ccivil_03/decreto/1851-1899/D0004.htm>. Acesso em: 20 jan. 2014.